# BEI GRIN MACHT SICH IHR WISSEN BEZAHLT

- Wir veröffentlichen Ihre Hausarbeit, Bachelor- und Masterarbeit
- Ihr eigenes eBook und Buch - weltweit in allen wichtigen Shops
- Verdienen Sie an jedem Verkauf

Jetzt bei www.GRIN.com hochladen und kostenlos publizieren

Juliane Voigt

# Pädagogische Diagnostik als Kernbestandteil professionellen Lehrerhandelns in der Grundschule

GRIN Verlag

**Bibliografische Information der Deutschen Nationalbibliothek:**

Die Deutsche Bibliothek verzeichnet diese Publikation in der Deutschen National-
bibliografie; detaillierte bibliografische Daten sind im Internet über http://dnb.d-
nb.de/ abrufbar.

Dieses Werk sowie alle darin enthaltenen einzelnen Beiträge und Abbildungen
sind urheberrechtlich geschützt. Jede Verwertung, die nicht ausdrücklich vom
Urheberrechtsschutz zugelassen ist, bedarf der vorherigen Zustimmung des Verla-
ges. Das gilt insbesondere für Vervielfältigungen, Bearbeitungen, Übersetzungen,
Mikroverfilmungen, Auswertungen durch Datenbanken und für die Einspeicherung
und Verarbeitung in elektronische Systeme. Alle Rechte, auch die des auszugsweisen
Nachdrucks, der fotomechanischen Wiedergabe (einschließlich Mikrokopie) sowie
der Auswertung durch Datenbanken oder ähnliche Einrichtungen, vorbehalten.

**Impressum:**

Copyright © 2007 GRIN Verlag GmbH
Druck und Bindung: Books on Demand GmbH, Norderstedt Germany
ISBN: 978-3-638-94847-0

**Dieses Buch bei GRIN:**

http://www.grin.com/de/e-book/92446/paedagogische-diagnostik-als-kernbestand-
teil-professionellen-lehrerhandelns

**GRIN - Your knowledge has value**

Der GRIN Verlag publiziert seit 1998 wissenschaftliche Arbeiten von Studenten, Hochschullehrern und anderen Akademikern als eBook und gedrucktes Buch. Die Verlagswebsite www.grin.com ist die ideale Plattform zur Veröffentlichung von Hausarbeiten, Abschlussarbeiten, wissenschaftlichen Aufsätzen, Dissertationen und Fachbüchern.

**Besuchen Sie uns im Internet:**

http://www.grin.com/

http://www.facebook.com/grincom

http://www.twitter.com/grin_com

# Diagnostische Kompetenz als Kernbestandteil professionellen Lehrerhandelns in der Grundschule

Wissenschaftliche Hausarbeit zur Ersten Staatsprüfung

für das Amt des Lehrers

Vorgelegt von:

Voigt, Juliane

Berlin, den 09. August 2007

# 1. EINLEITUNG ... 3

# 2. LERNEN UND LEHREN IN DER GRUNDSCHULE ... 6

## 2.1 Bildung und Selektion durch die Grundschule ... 7
2.1.1 Erziehung und grundlegende Bildung durch die Grundschule ... 8
2.1.2 Qualifikation und Selektion durch die Grundschule ... 9
2.1.3 Grundschulspezifische Spannungsfelder ... 11

## 2.2 Der pädagogische Leistungsbegriff ... 12
2.2.1 Das gesellschaftliche Leistungsprinzip ... 13
2.2.2 Das pädagogische Leistungsverständnis ... 15
2.2.3 Bildungsstandards als Antwort auf die Leistungsdiskussion ... 17
2.2.4 Konsequenzen für die Leistungsermittlung und -bewertung ... 19

## 2.3 Die Bedingungsfaktoren von Lernen und Leisten ... 21
2.3.1 Die Persönlichkeit des Kindes ... 22
2.3.2 Die außerschulische Umwelt ... 23
2.3.3 Die schulische Umwelt ... 24
2.3.4 Ergebnisse der aktuellen Kindheitsforschung ... 25

## 2.4 Professionelles Lehrerhandeln ... 28
2.4.1 Lehrerhandeln und Professionalität ... 28
2.4.2 Dimensionen professionellen Lehrerhandelns ... 30
2.4.3 Diagnostische Kompetenz als Teil professionellen Handelns ... 31

## 2.5 Zusammenfassung ... 33

# 3. DIE THEORIE DER PÄDAGOGISCHEN DIAGNOSTIK ... 35

## 3.1 Gegenstand und Entwicklung der Pädagogischen Diagnostik ... 36
3.1.1 Definition ... 37
3.1.2 Historische Entwicklung ... 39

## 3.2 Modelle und Strategien diagnostischen Handelns ... 42
3.2.1 Status- und Prozessdiagnostik ... 42
3.2.2 Verhaltens- und Eigenschaftsdiagnostik ... 43

3.2.3 Förderungs- und Selektionsdiagnostik .......... 44

**3.3 Methoden der Pädagogischen Diagnostik .......... 46**

    3.3.1 Beobachtung .......... 46

    3.3.2 Dialogische Verfahren .......... 49

    3.3.3 Testmethoden .......... 50

    3.3.4 Gütekriterien .......... 52

    3.3.5 Bezugsnormen und -systeme .......... 54

**3.4 Zusammenfassung .......... 55**

**4. DIAGNOSTISCHES HANDELN IN DER GRUNDSCHULE .......... 56**

**4.1 Anwendungsgebiete der Pädagogischen Diagnostik .......... 56**

    4.1.1 Schulleistungsdiagnostik .......... 57

    4.1.2 Diagnostik von Lernbedingungen .......... 58

    4.1.3 Entwicklungs- und Eignungsdiagnostik .......... 59

    4.1.4 Beratung von Schülern und Eltern .......... 62

    4.1.5 Evaluation und Qualitätssicherung .......... 63

**4.2 Traditionelle und alternative diagnostische Verfahren .......... 64**

    4.2.1 Mündliche und schriftliche Leistungserfassung .......... 64

    4.2.2 Standardisierte und informelle Tests .......... 66

    4.2.3 Verhaltensbeobachtung .......... 68

    4.2.4 Schülerbefragung und Elterngespräch .......... 69

    4.2.5 Portfolio und Lerntagebuch .......... 70

**4.3 Konsequenzen für die Grundschularbeit .......... 71**

    4.3.1 Diagnostik und Unterrichtsgestaltung .......... 72

    4.3.2 Diagnostik und Selbstkonzept des Schülers .......... 73

    4.3.3 Diagnostik und Lehrerhandeln .......... 74

**4.4 Zusammenfassung .......... 76**

**5. RESÜMEE .......... 78**

**6. LITERATURVERZEICHNIS .......... 82**

# 1. Einleitung

Mit der Veröffentlichung der PISA-Ergebnisse im Jahr 2000 wurde hierzulande eine breite öffentliche und bildungspolitische Diskussion in Gang gesetzt. Das schlechte Abschneiden der deutschen Schüler[1] im internationalen Vergleich warf viele Fragen bezüglich der Wirksamkeit unseres Schulsystems auf. Denn offensichtlich waren Schulen und Lehrer in Deutschland nicht in der Lage, ihren Zöglingen ausreichend Fertigkeiten zu vermitteln, um sie zu ähnlich guten Ergebnissen zu befähigen wie zum Beispiel finnische Schulen. Folglich wurde vermehrt darüber diskutiert, was Kinder und Jugendliche in der Schule lernen sollen. Denn der in der PISA-Studie angelegte Bildungsbegriff orientierte sich im Gegensatz zu deutschen Rahmenlehrplänen nicht an fachlichen Curricula. Hier wurden von Schülern vielmehr Fähigkeiten verlangt, die für das Lösen alltäglicher Probleme als relevant eingeschätzt werden. In diesem Zusammenhang wurde der Kompetenzbegriff geprägt, der in den folgenden Jahren zunehmend Eingang in Bildungsstandards und Rahmenlehrpläne fand.

Auch die Arbeit der Lehrer geriet nach dem PISA-Schock wieder verstärkt in den Fokus des öffentlichen und erziehungswissenschaftlichen Interesses. Denn schließlich sind sie es, denen Eltern ihre Kinder Tag für Tag anvertrauen. Es liegt in ihrer Verantwortung, den Schülern das nötige Wissen bereitzustellen und sie in ihrer Entwicklung bestmöglich zu fördern. Verschiedene Kompetenzen werden dabei von den Lehrern erwartet: Fachliches und didaktisch-methodisches Wissen sowie pädagogische Kenntnisse und Fähigkeiten. Ein Teilergebnis der PISA-Studie von 2000 führte zusätzlich zu der Forderung, die diagnostischen Kompetenzen der Lehrer zu stärken: Es konnte anhand von Untersuchungen, die parallel zur Testung der Lese-Kompetenz der 15-Jährigen durchgeführt wurde, gezeigt werden, dass nur elf Prozent der leseschwachen Schüler von ihren Lehrern auch als solche erkannt wurden.[2] Daraus könnte geschlossen werden, dass 89 Prozent der Schüler, die offensichtlich einen erhöhten Förderbedarf aufweisen, keine

---

[1] In der Arbeit werden zugunsten einer besseren Lesbarkeit Personengruppen wie z.B. Schüler oder Lehrer mithilfe des generischen Maskulinums benannt. Weibliche Vertreter werden somit selbstverständlich als Teil dieser Gruppe verstanden.
[2] vgl. Baumert, Jürgen (Hrsg.): Deutsches PISA-Konsortium: PISA 2000: Basiskompetenzen von Schülerinnen und Schülern im internationalen Vergleich. Opladen: Leske + Budrich, 2001 S.119.

gezielte schulische Unterstützung bekommen können, weil ihr Lehrer diesen Bedarf schlichtweg nicht erkennt. Natürlich lässt die bloße Umkehrung der Zahlen keine gesicherten Schlussfolgerungen über die tatsächlichen Fördermaßnahmen für leistungsschwache Schüler zu. Außerdem kann die diagnostische Kompetenz des Lehrers nicht ohne weiteres an den Ergebnissen einer Untersuchung festgemacht werden, die nur ein kleiner Teil einer Studie war, die einer ganz anderen Fragestellung nachging. Nichtsdestotrotz weisen die Zahlen darauf hin, dass die Fähigkeit des Lehrers, die individuellen Stärken und Schwächen seiner Schüler zu kennen und zu bewerten, gestärkt werden muss. „Diagnostische Kompetenz wird als Basisqualifikation von allen Lehrkräften gleichermaßen benötigt."[3] Denn erfolgreiches und professionelles Lehrerhandeln besteht nicht nur daraus, guten Unterricht zu planen und durchzuführen. Lehrer sollten außerdem in der Lage sein, die Entwicklung der Fähigkeiten und der Persönlichkeit jedes Schülers festzuhalten, sie zu bewerten und zu fördern. Die theoretischen Grundlagen dafür lieferten bereits seit den 1970er Jahren vor allem Ingenkamp, Kleber und Klauer mit ihren Lehrbüchern zur Pädagogischen Diagnostik. Die Vielzahl der Veröffentlichungen zum Thema diagnostische Kompetenz der letzten zehn Jahre, hier besonders im Zusammenhang mit der Forderung nach gerechter Leistungsbewertung, zeigt das zunehmende Interesse der Erziehungswissenschaft und Didaktik an der Thematik. Allen voran seien hier die Publikationen von Jürgens, Weinert und Paradies u.a. zu nennen.

Die vorliegende Arbeit soll sich mit der Frage beschäftigen, warum die pädagogische Diagnose ein notwendiger Kernbestandteil professionellen Lehrerhandelns ist. In diesem Zusammenhang soll untersucht werden, aus welchen Fertigkeiten und Fähigkeiten sich diagnostische Kompetenz zusammensetzt. Außerdem sollen Wege gezeigt werden, wie die Theorie der Pädagogischen Diagnostik gewinnbringend in die praktische, alltägliche Arbeit des Lehrers eingebracht werden kann. Dabei werde ich mich vorrangig auf die Grundschularbeit beziehen, da ich meine berufliche Perspektive durch das Studium der Grundschulpädagogik auf dieses Gebiet fokussiert habe. Kurz vor dem Ende meiner universitären Ausbildung musste ich fest-

---

[3] Horstkemper, Marianne: Fördern heißt diagnostizieren. Pädagogische Diagnostik als wichtige Voraussetzung für individuellen Lernerfolg. In: Becker u.a., 2006, S.4.

stellen, dass sich mir nur wenige Möglichkeiten zur Auseinandersetzung mit diesem Thema geboten haben. Die Behauptung einiger Autoren, dass die Vermittlung diagnostischer Kompetenz in der Lehrerausbildung häufig vernachlässigt wird[4], muss ich somit leider bestätigen. Dies war für mich ein ausschlaggebender Grund, mich intensiv in Form meiner Examensarbeit mit dem Thema Pädagogische Diagnostik in der Grundschule auseinanderzusetzen.

Im ersten Abschnitt der Arbeit sollen die institutionellen und individuellen Bedingungen von Lehren und Lernen in der Grundschule erläutert werden. Ziel dabei ist es, die Notwendigkeit diagnostischen Handelns durch die verschiedenen Anforderungen, die an die moderne Schule gestellt werden, zu erklären. Der Bildungs- und Erziehungsauftrag sowie die Qualifikations- und Selektionsfunktion der Grundschule sind dafür grundlegend und werden deshalb eingehend betrachtet. Darauf aufbauend wird ein pädagogischer Leistungsbegriff erarbeitet, der diesen beiden Aspekten gerecht wird. Die Bedingungsfaktoren von Lernen und Leisten werden anschließend dargestellt, um noch einmal deutlich zu machen, wie wichtig die Analyse der individuellen Lernvoraussetzungen für die Einschätzung von Schülerleistungen ist. Abschließend soll die Schlüsselfunktion, die der Lehrer als Vermittler zwischen den verschiedenen Ansprüchen an die Grundschularbeit innehat, erläutert werden. Dabei wird der Frage nachgegangen, welche Aufgabe er zu erfüllen hat und welche Kompetenzen er dazu benötigt. Der Begriff der Professionalität soll hierbei leitend sein, wobei die Betrachtung der diagnostischen Kompetenz und ihrer Bedeutung für die Arbeit in der Grundschule eine besondere Rolle spielen wird.

Der zweite Abschnitt der Arbeit stellt die Theorie der Pädagogischen Diagnostik als Grundlage für das praktische diagnostische Handeln in der Grundschule dar. Dazu sollen zunächst der Gegenstand und die Entwicklung der Teildisziplin der Pädagogik vorgestellt werden. Außerdem werden die wichtigsten Modelle und Strategien, die sich unter dem Einfluss der Nachbarwissenschaften entwickelt haben, aufgezeigt. Schließlich folgt eine Darstellung der verschiedenen Methoden, die für den Einsatz der Pädagogischen Diagnostik ausgearbeitet wurden.

---

[4] vgl. Arnold, Karl-Heinz: Diagnostische Kompetenz erwerben. Wie das Beurteilen zu lernen und zu lehren ist. In: Beutel / Vollstädt, 2000, S.130.

Das letzte Kapitel beschäftigt sich mit der Anwendung diagnostischer Verfahren in der Grundschule und den Konsequenzen, die sich für den schulischen Alltag aus Lehrer- und Schülersicht daraus ergeben. Dazu sollen zunächst die Anwendungsgebiete diagnostischen Handelns aufgezeigt werden. Anschließend folgt eine Darstellung der traditionellen und alternativen diagnostischen Methoden und ihrer Einsatzmöglichkeiten. Die Konsequenzen diagnostischen Handelns für die Grundschularbeit und die sich daraus ergebenden Grenzen sollen abschließend erläutert werden.

## 2. Lernen und Lehren in der Grundschule

Die Grundschule ist eine Schule für alle Kinder, denn der Besuch ist spätestens mit dem vollendeten siebten Lebensjahr verpflichtend.[5] Hier sollen sie grundlegendes Wissen und Können erwerben, das sie für die weiterführenden Schulen benötigen und ihnen die aktive Teilnahme am gemeinschaftlichen Leben ermöglicht. Die Aufgabe des Lehrers ist es dabei, das Lernen der Kinder anzuleiten, zu begleiten und zu fördern. Gesetzliche Vorgaben, gesellschaftliche Anforderungen, pädagogische Prämissen und individuelle Bedingungen bestimmen die beschriebenen Lehr-Lern-Prozesse in erheblichem Maße. Dies hat verschiedene Auswirkungen auf die Zielsetzungen und Methoden der Grundschularbeit und somit auch auf das Handlungsfeld des Lehrers.

Im Folgenden sollen deshalb die allgemeinen Bedingungen von Lernen und Lehren in der Grundschule erläutert werden. Dazu wird unter Punkt 2.1 die pädagogische und gesellschaftliche Bedeutung der Grundschule im Hinblick auf ihren Bildungsauftrag und ihre Selektionsfunktion untersucht, da dies den Rahmen für die Lehr-Lern-Prozesse in der Primarstufe bildet. Darauf aufbauend widmet sich Kapitel 2.2 der Ermittlung eines modernen pädagogischen Leistungsbegriffs, wobei die aktuelle Debatte um so genannte Bildungsstandards einfließen wird. Die individuellen Bedingungsfaktoren schulischer Leistungen werden im Kapitel 2.3 zusammengefasst, um einen

---

[5] vgl. Senatsverwaltung für Bildung, Wissenschaft und Forschung Berlin: Schulgesetz für das Land Berlin vom 26. Januar 2004, in der ab 1. Januar 2007 geltenden Fassung (zuletzt geändert durch Art. V des Gesetzes vom 11. Juli 2006). § 42 (1), S.42.

Überblick über den Forschungsstand dieses Aspekts zu gewinnen. Abschließend folgt eine Darstellung der Rolle des Lehrers als Vermittler zwischen den gesellschaftlichen und individuellen Ansprüchen an schulisches Lernen unter Berücksichtigung des Professionalitätsanspruchs. Die Notwendigkeit diagnostischen Handelns für erfolgreiches und professionelles Lehren soll dabei hervorgehoben werden.

## 2.1 Bildung und Selektion durch die Grundschule

Das Berliner Schulgesetz formuliert das Bildungs- und Erziehungsziel der Schule folgendermaßen:

> *Die Schule soll Kenntnisse, Fähigkeiten, Fertigkeiten und Werthaltungen vermitteln, die die Schülerinnen und Schüler in die Lage versetzen, ihre Entscheidungen selbstständig zu treffen und selbstständig weiterzulernen, um berufliche und persönliche Entwicklungsaufgaben zu bewältigen, das eigene Leben aktiv zu gestalten, verantwortlich am sozialen, gesellschaftlichen, kulturellen und wirtschaftlichen Leben teilzunehmen und die Zukunft der Gesellschaft mitzuformen.*[6]

Hierbei wird deutlich, dass eine zentrale Funktion der modernen Schule aus der individuellen und gesellschaftlichen Bildung besteht. Die Basis für die Erfüllung dieser Ziele wird in der Grundschule gelegt. Hier sollen den Schülern die Techniken unserer Kultur, also das Lesen, Schreiben und Rechnen, und die Grundlagen des gesellschaftlichen Lebens vermittelt werden. Dies gilt als Voraussetzung für die weiterführenden Schulen, auf die sie im Anschluss an die (in Berlin) sechsjährige Grundschule verteilt werden.[7] Die durch das dreigliedrige deutsche Schulsystem begründete Selektionsfunktion ist ein weiteres wichtiges Aufgabenfeld der Grundschule. Beide, sich teilweise gegenüberstehende Funktionen und die sich daraus ergeben-

---

[6] Berliner Schulgesetz, 2007, § 3 (1), S.7f.
[7] Senatsverwaltung für Bildung, Jugend und Sport Berlin (Hrsg.): Rahmenlehrplan Grundschule Deutsch. Berlin: Wissenschaft und Technik Verlag, 2004. S.7.

den grundschulspezifischen Spannungsfelder sollen im Folgenden näher erläutert werden.

### 2.1.1 Erziehung und grundlegende Bildung durch die Grundschule

Insgesamt kann der Bildungs- und Erziehungsauftrag der Schule unter dem Begriff Sozialisation zusammengefasst werden. Heranwachsende sollen in der Schule auf das öffentliche Leben vorbereitet, dafür sozialisiert werden. Sie erlernen und bauen kognitive sowie soziale Fähigkeiten aus, die es ihnen ermöglichen sollen, ein Teil einer funktionierenden Gesellschaft zu sein. In der Grundschule werden dafür die Grundsteine gelegt.

An dieser Stelle muss erwähnt werden, dass Bildung ein fast ausschließlich im deutschen Sprachraum verwendeter Begriff ist, über dessen Definition keine einhellige Meinung besteht. Je nach politischer und gesellschaftlicher Lage wurden der Institution Schule dementsprechend in den letzten zwei Jahrhunderten verschieden ausgerichtete Bildungs- und Erziehungsaufträge zugeschrieben, die teilweise noch heute Einfluss auf den Bildungsbegriff haben. Durch die Ergebnisse internationaler und nationaler Leistungsstudien wurde in den letzten Jahren die Diskussion über den Inhalt schulischer Bildung neu entfacht.

In Anlehnung an die Erläuterungen der Bildungskommission der Länder Berlin und Brandenburg wird der Begriff für die Schule unter dem Aspekt der allgemeinen und beruflichen Bildung verstanden, wobei Gesellschaft, Kultur und das lernende Subjekt die grundlegenden Bezugspunkte bilden: Welche Fähigkeiten müssen Heranwachsende besitzen, um in unserer Gesellschaft selbstständig, handlungs- und lernfähig zu sein?[8] Im Rahmenlehrplan der Grundschule für die Länder Berlin und Brandenburg wird dementsprechend von einer grundlegenden Bildung gesprochen, die auf „die Bewältigung und Gestaltung von Lebenssituationen"[9] zielt. Dabei wird deutlich, dass nicht die bloße Vermittlung von Wissen Ziel der Bildungsarbeit der Grundschule ist; neben den Kulturtechniken sollen den Schülern ein kompetenter Umgang mit Medien und fremden Sprachen sowie die Grund-

---

[8] vgl. Bildungskommission der Länder Berlin und Brandenburg: Bildung und Schule in Berlin und Brandenburg – Herausforderungen und gemeinsame Entwicklungsperspektiven. Berlin: 2003. S.77.
[9] Rahmenlehrplan Grundschule, 2004, S.8.

regeln des gesellschaftlichen Lebens vermittelt werden. Auch die ästhetische und körperliche Erziehung ist ein Bestandteil des Bildungsauftrags. Ergänzend dazu und ebenfalls als ein Teil der grundlegenden Bildung wird die erzieherische Aufgabe der Stärkung der Persönlichkeit und der individuelle Förderung eines jeden Schülers verstanden. „Die Grundschule hat den Auftrag, alle Schülerinnen und Schüler umfassend zu fördern."[10] Hier wird eine Rückbesinnung auf die reformpädagogische Ansätze der 1920er Jahre deutlich: Der Lernende und sein individueller Lernprozess stehen erneut im Mittelpunkt des Unterrichtsgeschehens und des Lehrerinteresses.[11] Zur Begründung dafür wird die in der Grundschule vorherrschende große Heterogenität der Schüler bezüglich ihrer Herkunft und Fähigkeiten herangezogen: In der Grundschulpädagogik werde „das Konzept des individuellen Förderns innerhalb einer integrativen Lerngruppe thematisiert und gestärkt"[12], wobei Heterogenität als Chance für neue Lernmöglichkeiten angesehen werde. Das im Grundgesetz festgehaltene Recht auf freie Entfaltung (GG, Art.2) und Gleichberechtigung (GG, Art.3) bildet dafür die bildungspolitische und pädagogische Grundlage.[13]

Um die gesellschaftlichen und individuellen Anforderungen an Bildung mit den Zielen und Inhalten der einzelnen Fächer in Zusammenhang zu bringen, wurden so genannte Handlungskompetenzen formuliert, die die Schüler während der Grundschulzeit entwickeln sollen. Kompetentes Handeln wird als ein Zusammenspiel von sozialen und kognitiven Fähigkeiten und Einstellungen verstanden und in vier Teilbereiche untergliedert: Methoden- und Sachkompetenz sowie soziale und personale Kompetenz.[14] In den jeweiligen Rahmenlehrplänen werden diese Zielprämissen mit den Inhalten des Faches in Verbindung gebracht und ausdifferenziert.

### 2.1.2 Qualifikation und Selektion durch die Grundschule

Die Grundschule orientiert sich sowohl an der Gegenwart als auch an der schulischen, beruflichen und persönlichen Zukunft der Schüler. Sie muss

---

[10] Rahmenlehrplan Grundschule, 2004, S.7.
[11] vgl. Rahmenlehrplan Grundschule, 2004, S.10ff.
[12] Kucharz, Dietmut: Wozu ist die Grundschule da? Grundschule zwischen Integration und Selektion. In: Lehren und Lernen, 32 (2006) 2, S.16.
[13] vgl. Bartnitzky, Horst: Die pädagogische Leistungskultur – eine Positionsbestimmung. In: Bartnitzky / Speck-Hamdan, 2004. S.31.
[14] vgl. Rahmenlehrplan Grundschule, 2004, S.8f.

neben der aktuellen Entwicklung und Förderung der Kinder stets ihre Vorbereitung auf die weiterführenden Schulen und somit auch ihre berufliche Zukunft im Blick haben. Denn Bildungsabschlüsse haben in unserer Gesellschaft einen maßgeblichen Einfluss auf die Chancen am Arbeitsmarkt und somit auf die Stellung des Einzelnen innerhalb der Sozialstruktur (vgl. dazu Kapitel 2.2.1). Die Institution Schule hat somit als Berechtigungswesen den Geburtsadel des Feudalismus abgelöst und seither eine Qualifikations- und Selektionsfunktion zu erfüllen.

Zum einen wird „von der Schule … erwartet, dass sie die Vermittlung der von den Betrieben definierten Qualifikationen leistet."[15] In einer modernen, technologisierten und sich rasch verändernden Gesellschaft kann dabei nicht mehr nur auf die Vermittlung von reinem Fachwissen gesetzt werden. Generelles Orientierungswissen, Methodenkompetenz, Teamfähigkeit und Flexibilität werden von Arbeitgebern gefordert[16], worauf die Schule mit der zunehmenden Orientierung an der Vermittlung von Handlungskompetenzen reagiert.

Des Weiteren ist es Aufgabe der Schule, Heranwachsenden verschiedene Bildungsabschlüsse zu ermöglichen, die mit unterschiedlichen sozialen und beruflichen Zukunftschancen verbunden sind. Die Grundschule hat mithilfe von Empfehlungen für die weiterführenden Schulen einen entscheidenden Einfluss auf die Schullaufbahn ihrer Zöglinge und ist somit erste Instanz der Institution Schule hinsichtlich ihrer Selektionsfunktion. Leistungsbewertungen, Zurückstellungen und Sonderschulüberweisungen sind wesentliche Instrumente, um dieser Aufgabe gerecht zu werden. Die Selektionsfunktion ist in der deutschen Bildungsgeschichte tief verankert und wird mit sozioökonomischen, soziologischen sowie psychosozialen Argumenten legitimiert: Zum einen müsse sich die Schule als Institution den vorherrschenden ökonomischen Sozialstrukturen unserer Gesellschaft anpassen, indem sie die Heranwachsenden mithilfe von Bildungsabschlüssen auf unterschiedlich hoch bewertete Berufe verteilt. Außerdem bestehe auch aus soziologischer Sicht ein Bedarf an Ungleichheit, weshalb die Schüler einem so genannten

---

[15] Boenicke, Rose / Gerstner, Hans-Peter / Tschira, Antje: Lernen und Leistung. Vom Sinn und Unsinn heutiger Schulsysteme. Darmstadt: Wissenschaftliche Buchgesellschaft, 2004., S.97.
[16] vgl. Schlegel, Jürgen: Die Zukunft von Bildung und Arbeit – zu den Aufgaben des Bildungswesens in einer alternden und schrumpfenden Gesellschaft. In: Döbert, 2003, S.98ff.

Besser-Schlechter-Code zugeordnet werden müssten. Schließlich führe der Glaube an die natürliche Begabung eines jeden Menschen zu der Annahme, dass durch Selektion homogene Lerngruppen geschaffen werden können. An den unterschiedlichen Schultypen sollen die Schüler ihren angeborenen Fähigkeiten entsprechend gefördert werden.[17]

Die Selektivität des deutschen Schulsystems ist besonders nach dem schlechten Abschneiden deutscher Schüler im internationalen Vergleich der PISA-Studie immer wieder kritisiert worden. Dazu werden in der Literatur vor allem zwei Argumentationen herangezogen: Die Selektionsfunktion der Schule basiere auf einem antiquierten Begabungsbegriff[18] und fördere Chancenungleichheit[19]. Dennoch ist die Selektionsfunktion eine wesentliche Aufgabe der Schule im deutschen Bildungssystem und aus bildungspolitischer Sicht ist in nächster Zeit keine Änderung abzusehen.[20]

*2.1.3 Grundschulspezifische Spannungsfelder*

Aus den genannten, mitunter sehr unterschiedlichen Aufgaben, die die Grundschule aus gesellschaftlicher und pädagogischer Sicht zu erfüllen hat, ergeben sich so genannte Zielkonflikte. Wie die Spannung zwischen den teilweise antagonistischen Aufgaben gelöst und eventuell sogar nutzbar gemacht werden kann, liegt in der Verantwortung des Lehrers und hat einen entscheidenden Einfluss auf die Lernsituationen in der Grundschule.[21]

Das wohl größte Spannungsfeld liegt darin, die Balance zwischen gesellschaftlichen und individuellen Ansprüchen hinsichtlich des Bildungsauftrags zu finden. Die Forderungen nach Qualifikation und Selektion durch die Schule müssen genauso wahrgenommen werden wie die Ansprüche des Einzelnen auf Förderung, Respekt und Wohlbefinden. Aus pädagogischer Sicht wird allerdings häufig beklagt, dass die Selektionsfunktion der Schule allzu sehr in den Mittelpunkt des Lernens gerückt werde. Dies führe „bei Schülern und Lehrern zu einer Funktionalisierung der Lerninhalte – bei

---

[17] vgl. Boenicke u.a., 2004, S.55-79.
[18] vgl. Boenicke u.a., 2004, S.78.
[19] vgl. Fölling-Albers, Maria: Chancengleichheit in der Schule – (k)ein Thema? Überlegungen zu pädagogischen und schulstrukturellen Hintergründen. In: ZSE, 25 (2005) 2, S.205ff.
[20] Thurn, Susanne: Leistung - was ist das eigentlich? Oder: "Die Würde des heranwachsenden Menschen macht aus, sein eigener 'Standard' sein zu dürfen". In: Neue Sammlung, 44 (2004) 4, S. 427f.
[21] vgl. Drews, Ursula / Schneider, Gerhard / Wallrabenstein, Wulf: Einführung in die Grundschulpädagogik. Weinheim und Basel: Beltz Verlag, 2000. S.123.

Schülern mit dem Blick auf Noten und Zertifikate, bei den Lehrern auf Selektionsentscheidungen."[22] Die individuelle Förderung von Begabungen und der Ausgleich von Benachteiligungen stehen dadurch häufig erst an zweiter Stelle.

Die Forderung nach einer Orientierung an den Bedürfnissen und Lernvoraussetzungen der Schüler steht außerdem in Konkurrenz zur häufig geforderten Wissenschaftsorientiertheit des Unterrichts. Die bildungstheoretische Didaktik der 1970er Jahre plädiert klar für die Ausrichtung an den Lerngegenständen und am Lehrenden, wohingegen neuere Ansätze die reformpädagogische Forderung nach Kindgemäßheit wieder aufgreifen. Die Diagnose und Unterstützung individuelle Lernprozess werden hier als wichtigste Aufgabe des Lehrers definiert.[23] Der Rahmenlehrplan der Grundschule für Berlin und Brandenburg versucht die Verbindung beider Zielsetzungen durch die Vermittlung der Handlungskompetenzen herzustellen, wobei individuelle relevante Fähigkeiten anhand von wissenschaftlich bedeutsamen Lerngegenständen entwickelt und ausgebaut werden sollen.

Einen weiteren Zielkonflikt stellen die Forderungen nach Differenzierung und Integration dar, der durch die große Heterogenität in der Grundschule bestimmt ist. Zum einen soll jeder Schüler in seiner Individualität gewürdigt und gefördert werden, zum anderen soll in der Schule ein gemeinsames, soziales Leben stattfinden.

Das Schulrecht lässt Lehrern bei der Gestaltung und Ausrichtung des Unterrichts auf entsprechende Zielsetzungen viel Handlungs- und Urteilsspielraum. Wie die verschiedenen Aufgaben, also das Lehren, Erziehen und Beurteilen, miteinander verbunden und ihre Widersprüche ausbalanciert werden, hängt stark von dem subjektiven Konzept des Lehrenden ab.[24]

## 2.2 Der pädagogische Leistungsbegriff

Wie im vorangegangenen Kapitel deutlich wurde, hat die Schule als Institution aus gesellschaftlicher und individueller Sicht bestimmte Aufgaben zu erfüllen. In diesem Zusammenhang werden von den Schülern Leistungen

---

[22] Fölling-Albers, 2005, S.204
[23] vgl. Fölling-Albers, 2005, S.200f.
[24] vgl. Pettilon, Hans: Zielkonflikte in der Grundschule: Literaturüberblick. In: Weinert / Helmke, 1997, S. 297.

erwartet, die teilweise sehr detailliert in Form von Rahmenlehrplänen und neuerdings als nationale Bildungsstandards formuliert sind. Dies bildet die Grundlage für jegliche Bewertungen über die Fähigkeiten und Entwicklungen von Schülern, die durch Lehrer erstellt werden.

Dabei stellt sich jedoch zunächst die Frage, wie der Begriff Leistung aus pädagogischer Sicht zu fassen ist. Denn im Gegensatz zur technischen Definition lässt sich der pädagogische Leistungsbegriff nicht durch eine Formel wiedergeben: „Am schwersten haben es die Pädagogen: Sie sollen Leistungen nicht an den eigenen, sondern an den Interessen des Kindes festmachen, und als Maßeinheit stehen ihnen (…) nur die kümmerlichen Zensuren von 1-6 zur Verfügung."[25]

Im folgenden Kapitel soll ein pädagogischer Leistungsbegriff erarbeitet werden, der im Zusammenhang mit dem in unserer Gesellschaft vorherrschendem Leistungsprinzip und den pädagogischen Forderungen nach individuellen Entfaltungsmöglichkeiten und Chancengleichheit steht. Die von der Kultusminister-Konferenz (KMK) als Antwort auf die aktuelle Leistungsdiskussion formulierten Bildungsstandards sollen anschließend dahingehend untersucht werden, ob sie den Ansprüchen an eine pädagogische Leistungskultur gerecht werden. Abschließend sollen die Auswirkungen der pädagogischen Leistungsdebatte und der Einführung von verpflichtenden Bildungsstandards auf die Praxis der schulischen Leistungsbewertung zusammengefasst werden.

### 2.2.1 Das gesellschaftliche Leistungsprinzip

Im Gegensatz zu einer Ständegesellschaft, in der die Herkunft eines Menschen seine Stellung innerhalb der Gemeinschaft bestimmt, werden in unserer modernen Gesellschaft materielle und soziale Chancen hauptsächlich durch das Leistungsprinzip vergeben.[26] Individuelle Leistungen berechtigen zu bestimmten beruflichen und sozialen Positionen, das Leistungsprinzip ordnet und legitimiert folglich die gesellschaftlichen Strukturen in Deutschland. Es beruht auf den Gesetzen des gesellschaftlichen und wirtschaftlichen

---

[25] Schwartz, Erwin: Leistung, Leistungsmessung und Grundschulreform. In: Bartnitzky, 2005, S.22.
[26] vgl. Jürgens, Eiko: Leistung und Beurteilung in der Schule. Eine Einführung in Leistungs- und Bewertungsfragen aus pädagogischer Sicht. 6., aktualisierte und stark erweiterte Auflage. Sankt Augustin: Academia Verlag, 2005. S.13.

Wettbewerbs und ist deshalb vor allem produkt-, konkurrenz- und ausleseorientiert. Dies wird von weiten Teilen der Bevölkerung als Tatsache anerkannt und weitestgehend befürwortet.[27]

Leistung als Ordnungsprinzip der Gesellschaft wird jedoch von einer Reihe anderer Prinzipien ergänzt und abgeschwächt. Allen voran sei hier das Sozialstaatsprinzip genannt, das dafür Sorge trägt, dass die Existenz von beeinträchtigten Personen gesichert ist, obwohl sie keine oder wenig Leistung erbringen können. Darüber hinaus haben an vielen Stellen die Herkunft, das Geschlecht oder die politische Einstellung weiterhin einen Einfluss auf den beruflichen Erfolg und die soziale Stellung eines Menschen, auch wenn dies in einem demokratischen Staat ausgeschlossen werden sollte.[28] „Es muss also festgehalten werden, dass das Leistungsprinzip nicht alleiniger Zuteilungsmechanismus in Deutschland ist."[29]

Das Bildungssystem als Teil der Gesellschaft setzt das Leistungsprinzip um, indem es anhand von erbrachten Schulleistungen verschiedene Bildungsabschlüsse und damit verbundene Zukunftschancen ermöglicht. Auf die sich daraus ergebende Selektionsfunktion der Schule wurde bereits eingegangen (vgl. Kapitel 2.1.2). Die direkte Übertragung des Leistungsprinzips auf die Lernkultur in der Schule ist jedoch umstritten. Während auf der einen Seite die Anpassung der Schule an die gesellschaftlichen Verhältnisse gefordert wird[30], werden an anderen Stellen Einwände gegen eine solche Lernkultur laut. Jürgens argumentiert gegen eine Orientierung des schulischen Leistungsverständnisses am gesellschaftlichen Leistungsprinzip folgendermaßen: Zum einen müssten neben der Leistungsorientierung weitere in der Gesellschaft gültige Verteilungsprinzipien in der schulischen Erziehung berücksichtigt werden. Es sei aus pädagogischer Sicht falsch, den Schülern zu vermitteln, dass Erfolg ausschließlich von individuellen Leistungen abhängt. Außerdem setze die konsequente Realisierung einer Leistungsgesellschaft eine objektive Bewertung von Leistungen und gleiche Grundvoraussetzungen für alle voraus, was weder der außerschulischen noch der schulischen Realität entspreche. Des Weiteren sei das gesellschaftliche Leistungsprinzip

---

[27] vgl. Saldern, Matthias von: Schulleistung in der Diskussion. Hohengehren: Schneider Verlag, 1999. S.15f.
[28] Jürgens, 2005, S.16.
[29] Saldern, 1999, S.17.
[30] Saldern, 1999, S.13.

aus pädagogischer Sicht zu sehr auf ökonomische Aspekte ausgerichtet, wodurch die Selektionsfunktion der Schule gegenüber dem Erziehungsauftrag zu stark betont würde. Ferner bestehe die Gefahr, dass durch hohen Leistungsdruck Versagensängste, Stress und starke Konkurrenz bei den Schülern ausgelöst werden.[31]
Beide Standpunkte, also die Orientierung an gesellschaftlichen Gegebenheiten einerseits und die Erfüllung des pädagogischen Grundsatzes nach individueller Förderung und demokratischem Lernen anderseits, machen deutlich, in welchem Spannungsfeld der Begriff Leistung in der Schule steht. In Anlehnung an den Bildungs- und Erziehungsauftrag der Schule muss deshalb ein pädagogischer Leistungsbegriff definiert werden, der die Steuerungsfunktion von Leistungsbewertung in einer leistungsorientierten Gesellschaft weder gänzlich aus dem Blick verliert noch vollkommen ignoriert. Der Lehrer hat bei der Verbindung beider Aspekte eine Schlüsselfunktion.[32]

### 2.2.2 Das pädagogische Leistungsverständnis

Unter dem Begriff Leistung wird im schulischen Sinne eine Handlung verstanden, von der auf die kognitiven, affektiven, psychomotorischen und kommunikativen Fähigkeiten eines Schülers geschlossen werden kann.[33] Leistung hat nach Saldern demnach zwei wesentliche Facetten: Zum einen steht sie immer im Zusammenhang mit einer Bewertung, entweder durch die leistende Person selbst oder durch eine außenstehende Instanz. Denn eine Handlung wird erst dann zu einer Leistung, wenn sie als solche verglichen und bewertet wird. Die Grundlage für diese Bewertung bilden das Produkt oder der Prozess, was als zweites wesentliches Merkmal des Leistungsbegriffs zu fassen ist. „Leistung kann somit gesehen werden als Prozess und Produkt menschlichen Handelns im Kontext von Selbst- und Fremdbewertung."[34] Das Ergebnis einer Leistung ist stets beeinflusst durch den Leistungsprozess, den unterschiedliche Faktoren bestimmen. Personale Be-

---

[31] Jürgens, Eiko: Brauchen wir ein pädagogisches Leistungsverständnis? In: Beutel, Silvia-Iris / Vollstädt, Witlof (Hrsg.): Leistung ermitteln und bewerten. Hamburg: Bermann + Helbig Verlag, 2000. S.16ff.
[32] vgl. Schwartz, 2005, S.22.
[33] vgl. Benischek, Isabella: Die Leistung von SchülerInnen - ein mehrdimensionaler Begriff. In: Erziehung und Unterricht, 156 (2006) 1-2, S. 174.
[34] Saldern, 1999, S.12.

dingungen, wie Motivation oder Interesse spielen dabei ebenso eine Rolle wie soziale und sachliche Faktoren[35] (vgl. dazu Kapitel 2.3).

Da der Leistungsbegriff je nach bewertender Person und in unterschiedlichen Situationen sehr verschiedene Dimensionen aufweist, lässt er sich kaum allgemeingültig formulieren. Jürgens fasst diese Mehrdimensionalität in fünf Merkmalen zusammen, die er als „Leitgedanken eines pädagogischen Leistungsbegriffs"[36] bezeichnet. Er versucht so, einen für das schulische Lernen gültigen Leistungsbegriff zu formulieren, der dem Bildungs- und Erziehungsauftrag der modernen Schule gerecht wird. Die Steuerungsfunktion von Leistungsbewertungen wird hierbei in den Hintergrund gedrängt, jedoch ohne sie dabei ganz außer Acht zu lassen.

Zum einen fordert der Autor, dass Leistung sowohl norm- als auch zweckbezogen sein soll. Der Leistungsbegriff müsse sich also an klar formulierten gesellschaftlichen und pädagogischen Zielen von Erziehung orientieren, ohne dabei den Sinngehalt schulischer Leistung für die Entfaltung von Individualität und Persönlichkeit jedes einzelnen Schülers aus dem Blick zu verlieren. In diesem Zusammenhang müsse ein Weg zwischen Fremd- und Selbstbestimmung der Leistungsanforderungen gefunden werden. Des Weiteren sollte schulische Leistung als die Summe von angeborenen Fähigkeiten des Einzelnen und den nichtkognitiven Faktoren wie Motivation und soziokulturelles Milieu gesehen werden: „Leistung ist anlage- *und* umweltbedingt."[37] Ein weiteres Merkmal eines Leistungsverständnisses im pädagogischen Sinne sei die Orientierung sowohl am Lernprodukt als auch am Lernprozess. Der Prozess der Aneignung sei bei der Bewertung von Schulleistung ebenso zu berücksichtigen wie das Ergebnis, das am Ende dabei herauskommt. Ein solcher „dynamischer Leistungsbegriff"[38] berücksichtige die Bedingungen von schulischem Lernen und werde seiner Prozesshaftigkeit gerecht. Zusätzlich sollte das pädagogische Leistungsverständnis darauf abzielen, individuelles und soziales Lernen zu fordern und zu fördern. Die Leistung eines einzelnen Schülers sei genauso erwünscht und zu honorieren wie kooperative Leistungen, die bei Partner- oder Gruppenarbeit erbracht

---

[35] vgl. Benischek, 2006, S. 173.
[36] Jürgens, 2005, S.26.
[37] Jürgens, 2005, S.29.
[38] Jürgens, 2005, S.31.

werden. Dadurch könne das individualistische Konkurrenzprinzip des Leistungsbegriffs durch das Kooperations- und Solidaritätsprinzip ergänzt und relativiert werden. Ein fünftes und letztes Merkmal des pädagogischen Leistungsbegriffs ist laut Jürgens neben der Orientierung an kognitiver Wissensvermittlung auch die an ganzheitlichem, handlungsorientiertem Lernen. Nur so könne Lern- und Leistungsbereitschaft dauerhaft erhalten und gefördert werden.[39]

Die Forderungen des Grundschulverbandes nach einer kindgerechten Leistungskultur schließen sich Jürgens' Verständnis von einem pädagogischen Leistungsbegriff an. In diesem Zusammenhang wurden vier Arbeitsaspekte für Lehrkräfte formuliert, die als Orientierung für einen „entwicklungsbezogenen Blick" auf Schülerleistungen gedacht sind. Sie lauten: „Leistungen der Kinder wahrnehmen, Leistungen der Kinder würdigen, Kinder individuell fördern und Lernwege öffnen."[40]

### 2.2.3 Bildungsstandards als Antwort auf die Leistungsdiskussion

Der Begriff Leistung ist im Zusammenhang mit Schule und Lernen immer wieder diskutiert worden, wobei sowohl pädagogische als auch bildungspolitische Einflüsse eine Rolle spielen. Zuletzt war dies bei der durch den PISA-Schock ausgelösten Debatte um die Leistungsfähigkeit der Schulen in Deutschland zu beobachten. Das schlechte Abschneiden der deutschen Schüler im internationalen Vergleich warf die Frage auf, was die Schule ihren Zöglingen beibringen, zu welchen Leistungen sie sie befähigen sollte. Die Kultusminister-Konferenz antwortete darauf mit der Formulierung so genannter Bildungsstandards, um „die Qualität schulischer Bildung, die Vergleichbarkeit schulischer Abschlüsse sowie die Durchlässigkeit des Bildungssystems zu sichern."[41] Die Standards legen fest, welches Wissen Schüler erlangen und welche Kompetenzen sie während der Schulzeit aufbauen sollen. „Die Bildungsstandards konzentrieren sich auf Kernbereiche eines Fachs und beschreiben erwartete Lernergebnisse."[42] Weiterhin

---

[39] vgl. Jürgens, 2005, S.26ff.
[40] vgl. Bartnitzky, 2004, S.35.
[41] Sekretariat der Ständigen Konferenz der Kultusminister der Länder in der Bundesrepublik Deutschland KMK (Hrsg.): Bildungsstandards der Kultusministerkonferenz. Erläuterung zur Konzeption und Entwicklung. Neuwied: Luchterhand Verlag, 2005. S.5.
[42] Bildungsstandards der KMK, 2005, S.9.

bestimmen sie die Ressourcen und damit verbundenen Möglichkeiten der Schulen sowie die Methoden und Prinzipien des Lernens und Lehrens.[43] Flächendeckende Tests können mithilfe solcher Standards zu festgelegten Zeitpunkten überprüfen, wie leistungsfähig die einzelnen Schulen sind, wie gut sie ihre Schüler also zu den formulierten Leistungen befähigen können. Hierfür sind Tests am Ende der Primarstufe und beim Mittleren Schulabschluss nach der zehnten Klasse vorgesehen. Dabei wird ein weiterer Aspekt der Leistungsdiskussion deutlich: Neben der Leistungsfähigkeit der Schüler steht besonders die Effizienz der Schulen im Fokus des Interesses. Evaluation und Qualitätssicherung sind wesentliche Ziele der Kultusminister-Konferenz.

Für den Primarbereich sind die Bildungsstandards der KMK seit dem Schuljahr 2005/2006 verbindlich.[44] In den Rahmenlehrplänen der Grundschule im Land Berlin werden sie bereits seit dem Jahr 2004 durch die Festlegung so genannter Handlungskompetenzen umgesetzt: „In den Rahmenlehrplänen beschreiben Standards, welche Kompetenzen die Schülerinnen und Schüler in den Fächern bis zum Ende der Grundschulzeit entwickelt haben müssen."[45]

Im Zusammenhang mit der von Pädagogen und Grundschulverband geforderten pädagogischen Leistungskultur sind die von der KMK formulierten Bildungsstandards jedoch kritisch zu betrachten. Sie fördern mit der Orientierung an Handlungskompetenzen zwar die Erweiterung des Leistungsbegriffs zugunsten von persönlichkeitsentwickelnden Fähigkeiten wie soziale und personale Kompetenzen. Jedoch bleiben sie insbesondere durch die Einführung von flächendeckenden Leistungstests zu festgelegten Zeitpunkten vor allem produktorientiert. Die Diagnose der individuellen Lernprozesse bleibt hinter der Feststellung des Lernergebnisses zurück. Zusätzlich scheint die optimale Förderung jedes Schülers nicht Ziel der Bildungsarbeit zu sein, betrachtet man die Niveauanforderung der Bildungsstandards. Sie haben als Regelstandards keine Verbindlichkeit für alle, sondern beschreiben die Kompetenzen, die der Durchschnitt der Schüler erreichen soll.[46] Dies hat

---

[43] vgl. Bildungsstandards der KMK, 2005, S.8.
[44] vgl. Bildungsstandards der KMK, 2005, S.6.
[45] Rahmenlehrplan Grundschule, 2004, S.10.
[46] vgl. Bildungsstandards der KMK, 2005, S.9.

zur Folge, dass der Verantwortlichkeit der Schulen, jeden Heranwachsenden an die festgelegten Standards heranzuführen, wie das bei Mindeststandards der Fall ist, wenig Bedeutung zugemessen wird. „Das Ziel der deutschen Bildungsstandards, das zwar nicht ausdrücklich genannt wird, scheint weniger die allgemeine Verbesserung der Leistungen insbesondere der schwächeren Schülerinnen und Schüler zu sein, (…) sondern die Verfeinerung der Auslese, die heute mehr schlecht als recht funktioniert."[47] Leistungen sollen besser erfasst werden, um Abschlüsse vergleichbarer zu machen. Auch wenn dies nicht den Ansprüchen eines pädagogischen Leistungsbegriffs entspricht, bleibt es doch bildungspolitische Realität und institutionelle Richtlinie für die erzieherische und bildende Arbeit an Schulen.

### 2.2.4 Konsequenzen für die Leistungsermittlung und -bewertung

Wie in der Definition des Begriffs durch Saldern bereits anklang, steht Leistung stets im Zusammenhang mit einer Bewertung. Deshalb ist Leistungsbewertung auch „unverzichtbarer Bestandteil der Leistungserziehung"[48] in der Schule. Das Berliner Schulgesetz schreibt sowohl die regelmäßige Ermittlung als auch die Bewertung von Schülerleistungen in Form von Zensuren oder verbalen Beurteilungen im Primarbereich durch den Lehrer vor.[49]

Aus den bisherigen Betrachtungen der gesellschaftlichen und individuellen Aufgaben der Schule und den Forderungen nach einem pädagogischen Leistungsverständnis ergeben sich verschiedene Funktionen der Leistungsermittlung und -bewertung. Zum einen dienen Leistungsfeststellungen der Kontrolle der Lehr-Lern-Prozesse im Unterricht. Außerdem haben sie eine Berichtfunktion, da sie den Schülern und Eltern Rückmeldungen über die Lernentwicklung und den Leistungsstand des Kindes geben sollen. Neben der Förderungsfunktion für die individuelle Entwicklung des Schülers haben Leistungsbewertungen auch eine Prognosefunktion, da sie anhand von inner- und außerschulischem Verhalten auf das Fähigkeitsprofil des Einzelnen

---

[47] Ratzki, Anne: Mehr Leistung durch Standards - aber wer ist verantwortlich? In: Erziehung und Unterricht, 154 (2004) 7-8, S. 680.
[48] Bartnitzky, Horst / Christiani, Reinhold: Zeugnisschreiben in der Grundschule: Beurteilen ohne und mit Zensuren, Leistungserziehung, Schülerbeobachtung, differenzierte Klassenarbeiten, freie Arbeit, Übergangsgutachten, Elternberatung. Erw. Neuausgabe. Heinsberg: Agentur Dieck, 1994. S.8.
[49] Berliner Schulgesetz, 2007, § 58 (5), S.53f.

schließen lassen. Nicht zuletzt geben Zensuren und andere Formen der Leistungsbewertung Empfehlungen für die weitere Schullaufbahn und sind somit Grundlage für Selektionsentscheidungen innerhalb des Bildungssystems.[50] Jede dieser Funktionen sollte bei der Leistungsbeurteilung durch den Lehrer berücksichtigt werden. Als Grundlage dienen die durch Lehrpläne und Bildungsstandards festgelegten Lernziele, also sowohl fachlich-kognitives Wissen als auch Kompetenzerwerb.

Die Feststellung von Handlungskompetenzen bedarf jedoch einer Veränderung in der Beobachtungs- und Bewertungspraxis. Auch die Umsetzung des pädagogischen Leistungsverständnisses erfordert ein Umdenken bei der Beurteilung von Schülerleistungen. Die zentralen Forderungen in diesem Zusammenhang sind Transparenz, Prozessorientierung, Berücksichtigung von individuellen Lernvoraussetzungen und das Einbeziehen von Selbsteinschätzungen durch den Schüler.[51] Leistungen sollen als Ausdruck von Individualität gesehen und Entwicklungen diagnostisch betrachtet werden. Dementsprechend sollen sie Ausgangspunkt für entwicklungsfördernde Maßnahmen sein.[52]

Als Instrumente zur Leistungserfassung werden vom Rahmenlehrplan für die Berliner Grundschule neben traditionellen Formen wie schriftliche und mündliche Kontrollen weitere Maßnahmen empfohlen. „Hierzu gehören zum Beispiel Beobachtungsbogen, Lern-Begleithefte und Lern-Tagebücher, Interviews und Fragebogen, Sammelmappen und Portfolios, in denen jede Schülerin und jeder Schüler ihr bzw. sein Lernen reflektiert und die Lernfortschritte beurteilt."[53] Die gesetzliche Regelung für die Grundschule bestimmt die Schulanfangsphase als zensurenfreien Raum, in dem Leistungsbeurteilungen durch verbale Informationen über die Entwicklung des Schülers erfolgen. Ab der dritten Klasse kann in einer Elternversammlung die Einführung von Noten beschlossen werden, spätestens ab Klasse fünf ist sie gesetzlich vorgesehen.[54]

---

[50] Paradies, Liane / Wester, Franz / Greving, Johannes: Leistungsmessung und -bewertung. Berlin: Cornelsen Scriptor, 2005. S.31ff.
[51] vgl. Winter, Felix: Eine neue Lernkultur braucht neue Formen der Leistungsbewertung. In: Böttcher u.a., 1999, S. 68.
[52] vgl. Winter, 1999, S.70.
[53] Rahmenlehrplan Grundschule, 2004, S.14.
[54] vgl. Berliner Schulgesetz, 2007, § 58 (4), S.54.

Die Vergabe von Zensuren als traditionelle Form der Leistungsbewertung ist jedoch umstritten. Die Kritik an der am Notensystem hinsichtlich ihrer mangelnden Aussagekraft und pädagogischen Nutzbarkeit führt oftmals zu der Forderung, Zensuren und Zeugnisse gänzlich abzuschaffen und durch andere Formen der Leistungsbewertung zu ersetzen.[55]
Darüber hinaus wird immer wieder gefordert, im Unterricht deutlich zwischen Lern- und Leistungssituationen zu unterscheiden. Lernaktivitäten und damit verbundene und notwendige Fehler dürften nicht als Grundlage für Leistungsbewertungen verwendet werden. Denn dabei gehe es vorrangig um die Demonstration von fehlerfreiem Wissen und Können. Im Unterricht müssten jedoch Gelegenheiten geschaffen werden, die einen aktiven und ausprobierenden Umgang mit dem Lerngegenstand ermöglichen und zwar ohne störende Faktoren wie Leistungs- und Bewertungsdruck.[56]

## 2.3 Die Bedingungsfaktoren von Lernen und Leisten

Wie in den vorangegangenen Kapiteln bereits deutlich wurde, sind der Lernende und seine Lebensbedingungen in der Grundschulpädagogik in den letzten Jahren wieder mehr in den Mittelpunkt des Interesses gerückt. Die Schule soll sich an den individuellen Ansprüchen des Schülers orientieren und seine Fähigkeiten sowie Leistungsvoraussetzungen respektieren und ins Lernen einbeziehen. Dabei soll sie sich nach der Gegenwart und Zukunft des Kindes richten.

Es ist folglich unerlässlich für den Lehrer, die individuellen Bedingungen für die Lernleistungen seiner Schüler zu kennen und zu beurteilen. Grundlegend ist hierbei die Annahme, dass Schulleistung ein Produkt von kognitiven und nicht-kognitiven Fähigkeiten des Einzelnen und seiner Lebensbedingungen ist. Die Faktoren, die dabei eine Rolle spielen, lassen sich in drei Bereiche bündeln: der außerschulischen Umwelt, der schulischen Umwelt und der Persönlichkeit des Kindes. Alle Faktorenbereiche beeinflussen sich wechselseitig und sind durch ihren gesellschaftlichen Hintergrund geprägt.[57]

---

[55] vgl. Winter, Felix: Neue Lernkultur – aber Leistungsbewertung von gestern? In: Bartnitzky / Speck-Hamdan, 2004, S.46f.
[56] vgl. Jürgens, 2005, S.44.
[57] vgl. Bartnitzky / Christiani, 1994, S.38f.

Im folgenden Kapitel sollen die Bedingungen schulischer Leistung zusammenfassend dargestellt werden. Abschließend werden mithilfe der Ergebnisse der Kindheitsforschung empirisch belegte, allgemeingültige Aussagen über die aktuellen Lebensbedingungen des Grundschulkindes getroffen.

### 2.3.1 Die Persönlichkeit des Kindes

Die Persönlichkeit des Kindes beeinflusst schulische Leistungen in zweierlei Hinsicht: Sowohl kognitive als auch nicht-kognitive Fähigkeiten bestimmen das Lernverhalten und die Schulleistung und stehen in einem engen Zusammenhang.[58]

Als wichtigster Bestandteil kognitiver Fertigkeiten wird die Intelligenz eines Menschen betrachtet. Wie der Begriff genau zu fassen ist, wurde in den letzten Jahren in der Intelligenzforschung kontrovers diskutiert, wobei sehr unterschiedliche Definitionen erarbeitet wurden. Ingenkamp fasst diese in einer allgemein gefassten Begriffsklärung wie folgt zusammen: „Intelligenz ist ein Konstrukt, ein angenommenes, nicht direkt fassbares ‚Merkmal', das wir zur Erklärung bestimmter Verhaltensweisen heranziehen."[59] Der Intelligenz-Quotient (IQ) eines Menschen kann durch Tests ermittelt werden. Verschiedene Untersuchungen konnten den Zusammenhang zwischen dem IQ eines Schülers und seinen Leistungen nachweisen: Allgemeine Intelligenz ist demnach das wichtigste Merkmal zur Vorhersage von Schulleistungen.[60] Weitere kognitive Fähigkeiten, die den Lernerfolg beeinflussen, sind fachspezifisches Vorwissen und Kreativität. Helmke und Weinert weisen daraufhin, „dass die kognitive Entwicklung nicht nur die Bedingung, sondern stets auch eine Folge, ja sogar ein Ziel des schulischen Lernens darstellt."[61]

Neben den kognitiven Fähigkeiten spielen motivationale, emotionale und affektive Merkmale des Schülers bei seinen Lernleistungen eine Rolle. Als konkrete Bedingungsfaktoren werden dabei das Fähigkeitsselbstbild, Prüfungsangst, Interesse und affektive Einstellung zum Lernen und zur Schule

---

[58] vgl. Helmke, Andreas / Weinert, Franz Emanuel: Bedingungsfaktoren schulischer Leistungen. In: Weinert, 1997, S.105.
[59] Ingenkamp, Karlheinz / Lissmann, Urban: Lehrbuch der Pädagogischen Diagnostik. 5., völlig überarbeitete Auflage. Weinheim und Basel: Beltz Verlag, 2005. S.259.
[60] vgl. Heller, Kurt A.: Individuelle Bedingungsfaktoren der Schulleistung: Literaturüberblick. In: Weinert / Helmke, 1997, S.186.
[61] Helmke / Weinert, 1997, S.109.

genannt, wobei jedoch keine Einigkeit über die konkreten Auswirkungen dieser Faktoren auf schulische Leistungen besteht.[62]

### 2.3.2 Die außerschulische Umwelt

Die Familie wird als „erste und sicherlich eine der einflussreichsten Sozialisationsinstanzen"[63] eines Kindes betrachtet. Die Erfahrungen, die es hier macht, haben einen entscheidenden Einfluss auf die Entwicklung der Persönlichkeit und somit schließlich auch auf den schulischen Erfolg. Dabei spielen verschiedene Faktoren eine Rolle.

Zum einen hat die Familienstruktur Auswirkungen auf die Entwicklung des Kindes. Untersuchungen zum Zusammenhang zwischen der Familiengröße und dem Entwicklungsniveau konnten zeigen, dass sich die Zahl der (älteren) Geschwister positiv auf die kognitiven Fähigkeiten auswirkt.[64] Scheidungen und daraus resultierende Ein-Eltern-Familien können hingegen die Entwicklung des Kindes negativ beeinflussen: Es scheint sich „ein Trend in Richtung ungünstigerer Intelligenzwerte und vor allem schlechterer Schulleistungen gegenüber Kindern aus vollständigen Familien abzuzeichnen."[65]

Die wirtschaftliche Lage der Familie eines Kindes steht ebenfalls im Zusammenhang mit seinen schulischen Leistungen. Ökonomisch abgesicherte Familien aus den oberen sozialen Schichten bieten ihren Kindern bessere Voraussetzungen und eine höheres „kulturelles Kapital".[66] Dadurch können diese Kinder einerseits besser an die schulischen Angebote anknüpfen und bekommen andererseits auch mehr Unterstützung bei Problemen, zum Beispiel durch kostenpflichtige Nachhilfe.

Auch das intellektuell-emotionale Anregungsmilieu der Familie wirkt sich auf die schulischen Leistungen des Kindes aus. Es „manifestiert sich zum Beispiel in gemeinsamen familiären Aktivitäten, Vorlesen oder Frage-Antwort-Spielen (... und) einer anregenden materiellen Umwelt."[67] Die elterli-

---

[62] vgl. Helmke / Weinert, 1997, S.111.
[63] vgl. Rolff, Hans-Günter / Zimmermann, Peter: Kindheit im Wandel. Überarbeitete Neuausgabe. Weinheim: Beltz Verlag, 1990. S.14
[64] vgl. Helmke /Weinert, 1997, S.120.
[65] Helmke / Weinert, 1997, S.120.
[66] vgl. Fölling-Albers, 2005, S.207.
[67] Helmke / Weinert, 1997, S.122.

chen Erwartungen und die Motivation durch Lob oder Tadel beeinflussen ebenfalls die Leistungsfähigkeit des Kindes.[68]

Das Angebot für Spiel- und Bewegungsmöglichkeiten sowie Freunde und Gleichaltrige spielen bei der Entwicklung von Grundschulkindern zusätzlich zu den familiären Bedingungen eine Rolle. Die Gelegenheiten für primäre Erfahrungen in der Umgebung und mit anderen Kindern beeinflussen die kognitive und soziale Entwicklung positiv.[69]

### 2.3.3 Die schulische Umwelt

Die Schule als eine der beiden wichtigsten Sozialisationsinstanzen für Kinder hat es sich zum Ziel gesetzt, die individuellen Fähigkeiten des Schülers zu fordern und zu fördern. Sie hat einen entscheidenden Einfluss auf die Entwicklung von kognitiven und nicht-kognitiven Fertigkeiten des Einzelnen.[70] Die Schulorganisation und -ausstattung, die Möglichkeiten für intellektuell-emotionale sowie sozial-emotionale Erfahrungen und nicht zuletzt die Kompetenz des Lehrers wirken sich nicht nur auf die Entwicklung der Intelligenz des Kindes sondern auch auf seine Einstellung zum Lernen und seine Motivation aus.

Der Unterrichtsstil, die didaktischen und pädagogischen Kompetenzen und der Berufsethos des Lehrers haben Auswirkungen auf die Leistungsanforderungen des Unterrichts. Die Wirkung dieser Faktoren variiert jedoch zum Teil stark, was mit der Komplexität des Lehrerhandelns zusammenhängt. Grundsätzlich können die Professionalität des Lehrers (vgl. dazu Kapitel 2.4) und hohe, aber erreichbare Leistungsanforderungen als leistungsfördernde Faktoren festgehalten werden.[71]

Mit dem Lehrerhandeln eng verbunden und ebenfalls von Bedeutung für die Leistungsfähigkeit von Schülern sind die Prozessmerkmale des Unterrichts. Hierbei ist festzuhalten, dass sowohl lehrer- als auch schülerzentrierte Unterrichtsformen zu einem Zuwachs von kognitiven und nicht-kognitiven Fähigkeiten führen können.[72] Werden im Unterricht Möglichkeiten zum

---

[68] vgl. Bartnitzky / Christiani, 1994, S.40.
[69] vgl. Bartnitzky / Christiani, 1994, S.40f.
[70] vgl. Weinert, Franz Emanuel: Schulleistungen – Leistungen der Schule oder der Schüler? In: Weinert, 2002, S.79.
[71] vgl. Einsiedler, Wolfgang: Unterrichtsqualität und Leistungsentwicklung. Literaturüberblick. In: Weinert / Helmke, 1997, S.240.
[72] vgl. Helmke / Weinert, 1997, S.134ff.

selbstbestimmten Handeln geboten, kann dies zusätzlich positive Auswirkungen auf die Motivation der Schüler haben.[73]

## 2.3.4 Ergebnisse der aktuellen Kindheitsforschung

Die Kindheitsforschung ist eine junge Teildisziplin der empirischen Sozialforschung, die sich mit der Fragestellung beschäftigt, wie sich die Lebensbedingungen von Kindern im Laufe der Zeit verändern und welche Auswirkungen dies auf die Fähigkeiten und Einstellungen der Heranwachsenden hat. Grundlegend hierbei ist die Annahme, dass es neben altersabhängigen, relativ konstanten Phänomenen in der Entwicklung von Kindern, wie zum Beispiel dem Spracherwerb oder der Entwicklung kognitiver Fähigkeiten, zusätzlich Eigenschaften und Verhaltensweisen von Heranwachsenden gibt, die gesellschaftlich-historischen Einflüssen unterworfen sind.[74]
Seit den 1980er Jahren wurden im europäischen Raum viele Untersuchungen durchgeführt, die den Zusammenhang zwischen veränderten gesellschaftlichen Bedingungen und dem Verhalten von Kindern empirisch belegen wollten. Ausgangspunkt waren Irritationen der Pädagogen über Verhaltensweisen der Kinder und Jugendlichen in den 1970er Jahren, die sich offenbar sehr von den eigenen Kindheitserfahrungen unterschieden. Das veränderte Verhalten wurde dabei zumeist pessimistisch betrachtet, was sich bis heute in negativ konnotierten Begriffen wie „Konsumkindheit" und „Medienkindheit" niederschlägt.[75] Dollase hält in seinen Betrachtungen der Kindheitsforschung der letzten Jahrzehnte jedoch fest, dass sich kein „generell positives oder negatives Erscheinungsbild" ausmachen lässt. Die Veränderungen im Verhalten ließen vielmehr darauf schließen, dass sich „K(inder) und J(ugendliche) an gewandelte gesellschaftliche Verhältnisse relativ gut anpassen können."[76] Doch wie sehen diese Veränderungen in unserer Gesellschaft konkret aus?

---

[73] vgl. Boenicke u.a., 2004, S.132.
[74] vgl. Dollase, Rainer: Veränderte Kindheit. In: Rost, Detlef H.: Handwörterbuch Pädagogische Psychologie. Weinheim: Psychologie Verlags Union, 1998., S.526.
[75] vgl. Fölling-Albers, Maria: Veränderte Kindheit – Revisited. Konzepte und Ergebnisse sozialwissenschaftlicher Kindheitsforschung der vergangenen 20 Jahre. In: Fölling-Albers, Maria u.a. (Hrsg.): Jahrbuch Grundschule III: Fragen der Praxis – Befunde der Forschung. (Beiträge zur Reform der Grundschule, Sonderband S 62), Frankfurt am Main: Der Grundschulverband/Arbeitskreis Grundschule e.V., 2001. S.10.
[76] Dollase, 1998, S.530.

Wichtigstes Merkmal des gesellschaftlichen Wandels seit den 1970ern ist der durch die Industrialisierung in Gang gesetzte Modernisierungsschub. Neue Technologien und Medien bestimmen das private und berufliche Leben des Einzelnen in vielfältiger Art und Weise.[77] Die Wirtschaft verlangt von den Arbeitnehmern hohe Kompetenzen im Umgang mit neuen Technologien, insbesondere im Kommunikationsbereich. Die Veränderungen in diesem Sektor vollziehen sich immer rasanter, was dazu führt, dass die Bereitschaft des Einzelnen zu Flexibilität und „lebenslangem Lernen"[78] eine wichtige Voraussetzung für den beruflichen Erfolg darstellt. Die Institution Schule hat auf diese Entwicklung in Ansätzen bereits reagiert und verankerte in ihrem Bildungsauftrag neben der Vermittlung von fachlich-kognitivem Wissen auch die Forderung nach Erwerb von Handlungskompetenzen. Für Kinder und Jugendliche bedeutet dies, dass von ihnen schon in der Grundschule hohe Leistungen erwartet werden: Bei der Analyse von Lehrplänen konnte gezeigt werden, dass sich der Anspruch an Schulleistungen in den letzten Jahren deutlich erhöht hat.[79] Die verbesserte schulische Ausbildung und die gestiegenen kognitiven Anforderungen der Umwelt werden als Ursache dafür betrachtet, dass Kinder und Jugendliche heutzutage deutlich besser bei IQ-Tests abschneiden, als noch vor 50 bis 60 Jahren.[80]

Auch das soziale Leben der Heranwachsenden ist durch fortschreitende Modernisierungsprozesse geprägt. Die Familie als wichtigster kindlicher Lebensraum hat sich in den letzten Jahren einer deutlichen Veränderung unterzogen.[81] Im Normalfall besteht eine Familie heute zwar immer noch aus einem verheirateten Elternpaar mit leiblichen Kindern, doch nimmt die Zahl anderer Familienmuster, zum Beispiel allein erziehendes Elternteil mit Kind oder so genannte Patch-Work-Familien, stetig zu. Die sinkenden Geburtenraten führen außerdem dazu, dass viele Kinder ohne Geschwister in einer Ein-Kind-Familie aufwachsen. Ein weiteres Merkmal des Familienlebens in Deutschland ist der Anstieg von Scheidungen und der damit verbun-

---

[77] vgl. Jürgens, Eiko / Sacher, Werner: Leistungserziehung und Leistungsbeurteilung. Schulpädagogische Grundlegung und Anregungen für die Praxis. Neuwied: Luchterhand, 2000. S.1.
[78] Jürgens / Sacher, 2000, S.1.
[79] vgl. Dollase, 1998, S.529.
[80] vgl. Dollase, 1998, S.527.
[81] vgl. Hurrelmann, Klaus / Bründel, Heidrun: Einführung in die Kindheitsforschung. 2., vollständig überarbeitete Auflage. Weinheim: Beltz Verlag, 2003. S.97ff.

dene Zerfall der gewohnten familiären Umstände. Solche negativen Erfahrungen in Verbindung mit anderen Risikofaktoren wie ein schlechtes Eltern-Kind-Verhältnis oder mangelnde räumliche Ressourcen können das Wohlbefinden von Kindern erheblich stören. Insgesamt bleibt jedoch festzuhalten, dass sich die meisten Heranwachsenden in ihren Familien geborgen fühlen.[82]

Neue Medien wie das Internet oder elektronische Spielgeräte veränderten in den letzten Jahren das Spiel- und Freizeitverhalten der Heranwachsenden. Freizeitaktivitäten verlagern sich von der Straße in die Wohnung, von einer Verhäuslichung des Kinderspiels ist die Rede.[83] Dadurch gehen die Möglichkeiten von Primärerfahrungen in der Umwelt zurück und werden durch Erfahrungen aus zweiter Hand mittels medialer Möglichkeiten wie Fernsehen und Internet ersetzt.

Insgesamt lässt sich zusammenfassen, dass ein gesellschaftlicher Trend hin zu erhöhten Anforderungen, Pluralität in den Familienformen und vermehrter Medialisierung der Freizeit zu beobachten ist. Dass sich die Lebensbedingungen der Kinder in den letzten Jahrzehnten stark geändert haben, kann als Tatsache betrachtet und empirisch belegt werden. Ob dies allerdings konkrete Auswirkungen auf das Verhalten und die Fertigkeiten von Kindern und Jugendlichen hat, ist dagegen schwer zu belegen.[84] Darin liegen die Grenzen der Kindheitsforschung: Sie kann nur allgemein beschreiben, wie Kinder heute leben, und somit als Grundlage für pädagogische Entscheidungen dienen. Doch festzuhalten bleibt, dass Kinder mit sehr verschiedenen Voraussetzungen in die Schule kommen. Ihre soziokulturellen und sozioökonomischen Bedingungen variieren zum Teil stark, wodurch eine Chancengleichheit für alle Schüler im demokratischen Sinne nur hergestellt werden kann, wenn die individuellen Bedingungen des Kindes berücksichtigt und in das Lernen einbezogen werden.[85]

---

[82] vgl. Fölling-Albers, 2001, S.22f.
[83] vgl. Hurrelmann / Bründel, 2003, S.145.
[84] vgl. Dollase, 1998, S.528.
[85] vgl. Fölling-Albers, 2005, S.199.

## 2.4 Professionelles Lehrerhandeln

Die Arbeit in der Grundschule steht in einem Spannungsfeld zwischen gesellschaftlich-kulturellen und individuellen Ansprüchen. Der Lehrer übernimmt bei der Vermittlung zwischen beiden Zielsetzungen eine Schlüsselfunktion, er ist sozusagen das Bindeglied zwischen der Gesellschaft und dem Schüler mit seinen individuellen Ansprüchen und Voraussetzungen in der Institution Schule. Die wesentlichen Aufgaben des Lehrers bestehen darin, im Unterricht durch didaktisch-methodische und pädagogische Maßnahmen bei den Schülern einen Wissens- und Kompetenzzuwachs zu erreichen. Der Bildungs- und Erziehungsauftrag der Grundschule bildet hierfür die Grundlage. Außerdem gehören die Bewertung und Dokumentation von Schülerleistungen zum Aufgabenbereich des Lehrers. Die wesentlichen Tätigkeiten, also das Lehren, Erziehen und Beurteilen sind mit einer Reihe von weiteren Aufgaben verbunden, die sich teilweise nur schwer miteinander vereinbaren lassen. „Professionelle Lehrerinnen und Lehrer sind Meister im Ausbalancieren konkurrierender Ansprüche an Unterricht und Erziehung."[86] Im Folgenden soll zunächst die Frage geklärt werden, wie der Begriff Professionalität im Zusammenhang mit den beschriebenen Aufgaben des Lehrers zu fassen ist. Des Weiteren sollen die verschiedenen Dimensionen des professionellen Lehrerhandelns genannt und ihre konkreten Auswirkungen auf Schülerleistungen erläutert werden. Abschließend folgt eine gesonderte Betrachtung der Dimension diagnostische Kompetenz, um ihre Notwendigkeit für erfolgreiches Lehrerhandeln hervorzuheben.

### 2.4.1 Lehrerhandeln und Professionalität

„Lehren kann jeder Mensch. Immer dann, wenn wir einem anderen etwas beibringen, was er noch nicht kann, üben wir eine lehrende Funktion aus."[87] Der Lehrer hat diese Tätigkeit zu seinem Beruf, seiner Profession gemacht. Nach dem modernen Verständnis trichtert er das Wissen seinen Schülern jedoch nicht ein; Lehrer sind vielmehr „Spezialisten für das Schaffen von Lerngelegenheiten"[88]. Sie sind Vermittler zwischen der Gesellschaft und

---

[86] Meyer, Hilbert: Was ist guter Unterricht? Berlin: Cornelsen Verlag Scriptor, 2004. S.167.
[87] Drews u.a., 2002, S.215.
[88] Bauer, Karl-Oswald: Vom Allroundtalent zum Professional. Was bedeutet Lehrerprofessionalität heute? In: Pädagogik, (2002) 11, S.20.

dem Einzelnen, indem sie ihren Schülern den Zugang zu gesellschaftlich relevantem Wissen und Techniken ermöglichen. Dazu verfügen Lehrende über ein gewisses Handlungsrepertoire, das sie gezielt einsetzen, um zwischen individuellen Ansprüchen auf Erziehung und Bildung und den gesellschaftlich-kulturellen Anforderungen zu vermitteln. Sie können ihre Handlungen empirisch-wissenschaftlich begründen und reflektieren. Dies sind in Anlehnung an Bauer die zentralen Eigenschaften „pädagogisch-professionellen Handelns".[89]

Um die Professionalität und damit die Qualität des Lehrberufs zu erhöhen und zu sichern, wurden von der Kultusminister-Konferenz Standards für die Lehrerbildung festgelegt. Auf diese Weise soll ein Ausbildungscurriculum formuliert werden, das Lehrende für ihre Arbeit angemessen vorbereitet und qualifiziert. Die Standards beziehen sich auf die inhaltlichen und didaktisch-methodischen Grundlagen der vier Aufgabenschwerpunkte des Lehrers: Unterrichten, Erziehen, Beurteilen und Innovieren.[90] Für diese werden auf „der Grundlage der Anforderungen beruflichen Handelns im Lehramt"[91] Kompetenzen beschrieben, über die ein Lehrer verfügen sollte, um den Anforderungen seines beruflichen Alltags gerecht werden zu können. Kompetentes Handeln wird auch in diesem Zusammenhang als ein Zusammenspiel aus kognitiven, motivationalen und sozialen Fähigkeiten verstanden, die ein Individuum zur Lösung bestimmter Probleme befähigen.[92] Die für die Kompetenzbereiche festgelegten Standards dienen der Orientierung und Qualitätssicherung der theoretischen und praktischen Aus- und Weiterbildung der Lehrenden.

Die Anforderungen, die an den Lehrberuf gestellt werden, ergeben sich nach Bromme aus den „äußere(n) und innere(n) konstitutive(n) Bedingungen für das Erreichen bestimmter beruflicher Ziele."[93] Die Bedingungen sind einerseits durch die rechtlichen Vorgaben des Schulgesetzes und der Rahmenlehrpläne bestimmt und ergeben sich andererseits aus dem Wissen und

---

[89] vgl. Bauer, 2002, S.20f.
[90] Sekretariat der Ständigen Konferenz der Kultusminister der Länder in der Bundesrepublik Deutschland (Hrsg.): Standards für die Lehrerbildung: Bildungswissenschaften. Beschluss der Kultusministerkonferenz vom 16.12.2004. S.90.
[91] Standards der Lehrerbildung, 2004, S.7.
[92] vgl. Weinert, Franz Emanuel: Vergleichende Leistungsmessung in Schulen – eine umstrittene Selbstverständlichkeit. In: Weinert, 2002, S.27.
[93] Bromme, Rainer: Kompetenzen, Funktionen und unterrichtliches Handeln des Lehrers. In: Weinert, 1997, S.180.

Können, das sich der Lehrer während seiner Ausbildung und seiner beruflichen Sozialisation angeeignet hat. Die daraus resultierenden Möglichkeiten und Notwendigkeiten bilden den Rahmen für das Lehrerhandeln. Es konkretisiert sich im beruflichen Alltag in Schule und Unterricht und wird dadurch zu einem vielschichtigen und komplexen Handlungsgefüge. Die Auseinandersetzung mit den Bedingungen und Auswirkungen des eigenen Handelns ist deshalb wichtiger Bestandteil professioneller pädagogischer Arbeit.[94]

### 2.4.2 Dimensionen professionellen Lehrerhandelns

Die vier wesentlichen Aufgabenbereiche des Lehrers werden von der KMK als Unterrichten, Erziehen, Beurteilen und Innovieren zusammengefasst. Mit diesen Tätigkeitsfeldern sind verschiedene Anforderungen an das Wissen und Handeln des Lehrers verknüpft, die als Kompetenzen beschrieben werden. Die Lehr-Lern-Forschung beschäftigt sich unter anderem mit den Auswirkungen der einzelnen Dimensionen des Lehrerhandelns auf die schulischen Leistungen von Kindern und Jugendlichen. Dabei ist zunächst grundsätzlich festzuhalten, dass „eine hohe Lehrer- und Unterrichtsqualität insbesondere in den ersten Schuljahren von erheblicher Bedeutung ist."[95]

Fachliches, fachdidaktisches und methodisches Wissen bilden die Grundlage für unterrichtendes Handeln des Lehrers. Curriculares Wissen, also die Kenntnis der Unterrichtsinhalte und ihrer propädeutischen Bedeutung, spielt hierbei ebenfalls eine Rolle. Dieses Wissen befähigt den Lehrer dazu, fachgerechten Unterricht zu planen und durchzuführen und somit Lernsituationen für die Schüler zu schaffen.[96] Dabei wirkt sich zusätzlich die Fähigkeit zur Strukturierung des Unterrichts und zur Klassenführung auf die Qualität des Unterrichts aus. Insgesamt konnten „positive Zusammenhänge zwischen der fachlichen Expertise von Lehrpersonen und der Lernentwicklung der Schüler nachgewiesen" werden.[97]

---

[94] Schlömerkemper, Jörg: Leistungsmessung und die Professionalität des Lehrerberufs. In: Weinert, 2002, S.312.
[95] Lipowsky, Frank: Auf den Lehrer kommt es an. Empirische Evidenzen für Zusammenhänge zwischen Lehrerkompetenzen, Lehrerhandeln und dem Lernen der Schüler. In: Allemann-Ghionda, 2006, S.49.
[96] vgl. Standards der Lehrerbildung, 2004, S.7f.
[97] Lipowsky, 2006, S.52.

Um dem Aufgabenfeld Erziehen gerecht zu werden, sollten Lehrer über pädagogisches Wissen und soziale Kompetenzen verfügen. Durch diese Fachkenntnisse können sie Einfluss auf die Entwicklung des Schülers nehmen, indem sie seine individuellen Lernvoraussetzungen berücksichtigen und seine kulturellen und sozialen Lebensbedingungen ins Lernen einbeziehen. Das Vermitteln von Normen und Werten und die Unterstützung beim selbstständigen Handeln gehören ebenso zur Erziehungsaufgabe des Lehrers wie das Lösen von Konfliktsituationen im Schulalltag.[98] Die Lehrforschung konnte zeigen, dass Lehrpersonen mit einer pädagogischen Ausbildung einen positiven Einfluss auf die Leistungen ihrer Schüler ausüben.[99]

Das Beurteilen als weitere Tätigkeit und Aufgabe des Lehrers umfasst zwei wesentliche Aspekte: Zum einen diagnostiziert der Lehrer die Lernvoraussetzungen und Lernprozesse des Schülers, um ihn auf dieser Basis gezielt fördern und beraten zu können. Zum anderen sollen die Leistungen der Schüler erfasst und bewertet werden.[100] Auf die dafür notwendige diagnostische Kompetenz des Lehrers soll im Kapitel 2.4.3 gesondert eingegangen werden.

Der Aufgabenbereich Innovieren umfasst die Bereitschaft des Lehrers zu einem reflektierten Umgang mit seinem Beruf und den damit verbundenen Aufgaben. Die geforderten Kompetenzen soll er ständig weiterentwickeln, da er seinen Beruf als ständige Lernaufgabe betrachtet. Außerdem beteiligt er sich an Projekten zur Evaluation und Entwicklung der Schule.[101] Die Einstellung des Lehrers zu seinem Beruf und den dazugehörigen Kompetenzen hat auch Einfluss auf sein Handeln. Welche Auswirkung dies auf den Unterricht und den Lernerfolg des Schülers hat, ist erst in Ansätzen untersucht worden und bietet noch keine verlässlichen Ergebnisse.[102]

*2.4.3 Diagnostische Kompetenz als Teil professionellen Handelns*

Neben didaktischem und pädagogischem Wissen und Können wurde in letzter Zeit verstärkt diagnostische Kompetenz als Basisqualifikation von allen

---

[98] vgl. Standards der Lehrerbildung, 2004, S.9f.
[99] vgl. Lipowsky, 2006, S.53.
[100] vgl. Standards der Lehrerbildung, 2004, S.11.
[101] vgl. Standards der Lehrerbildung, 2004, S.12f.
[102] vgl. Bromme, 1997, S.199.

Lehrkräften gefordert.[103] Hiermit ist die Fähigkeit des Lehrers gemeint, Lernentwicklungen und Leistungsstände zu ermitteln, zu analysieren und zu bewerten. Dafür muss der Lehrer sowohl über die Ziele und Methoden diagnostischen Handelns als auch über spezielles Metawissen verfügen. Dazu zählen die Kenntnisse über entwicklungs- und lernpsychologische Prozesse und ihre Bedingungen sowie über mögliche pädagogisch-therapeutische Maßnahmen.[104]

Besonders nach den Denk- und Diskussionsanstößen, die die Ergebnisse der PISA-Studie hinsichtlich der Leistungsfähigkeit der deutschen Schüler und ihrer Lehrer gegeben haben, ist die diagnostische Kompetenz und ihre Notwendigkeit für erfolgreiches Lernen in der Schule in den Fokus des pädagogischen Interesses gerückt. Das PISA-Konsortium hält fest: „Eine zentrale Voraussetzung für eine optimale Förderung ist eine ausreichende diagnostische Kompetenz der Lehrkräfte."[105] Zur Begründung dieser Forderung zieht Horstkemper drei Argumente heran, die diagnostische Tätigkeiten als Basis für einen fördernden und erfolgreichen Unterricht verdeutlichen: Zum einen könne nur durch eine differenzierte Diagnose die Lernausgangslage einer Lerngruppe festgestellt und somit der Unterricht optimal angepasst und konzipiert werden. Des Weiteren könnten durch diagnostische Maßnahmen Lern- und Entwicklungsstörungen einzelner Schüler rechtzeitig erkannt und darauf reagiert werden. Schließlich sei die Intervention bei Problemen in der Gruppe oder bei einzelnen Schülern dann besonders erfolgreich, wenn die Ursachen genau diagnostiziert werden.[106] Somit haben diagnostische Tätigkeiten einen wesentlichen Anteil sowohl an der Gestaltung des Unterrichts als auch an pädagogischen Maßnahmen, die der Entwicklung der Persönlichkeit des Schülers und seiner Fähigkeiten dienen. Dementsprechend hat die diagnostische Kompetenz des Lehrers besonders dann einen positiven Effekt auf die Leistungen der Schüler, wenn sie im Zusammenhang mit anderen Variablen des Lehrerhandelns gesehen wird. Ihr wird eine Katalysa-

---

[103] vgl. Horstkemper, 2006, S.4.
[104] vgl. Kretschmann, Rudolf: „Pädagnostik" – zur Förderung der Diagnosekompetenz von Lehrerinnen und Lehrern. In: Bartnitzky / Speck-Hamdan, 2004, S.183ff.
[105] Baumert, 2001, S.132.
[106] Horstkemper, Marianne: Diagnosekompetenz als Teil pädagogischer Professionalität. In: Neue Sammlung, 44 (2004) 2, S. 207.

torfunktion[107] zugeschrieben: Didaktische Maßnahmen wirken sich besonders dann positiv auf die Lernerfolge des Schülers aus, wenn sie mithilfe der hohen diagnostischen Kompetenz des Lehrers optimal an die individuellen Lernvoraussetzungen angepasst sind.

Die Pädagogische Diagnostik wird dementsprechend auch im Rahmenlehrplan Grundschule als geeignetes Mittel betrachtet, die pädagogische Arbeit zu optimieren. „Sie ist als Maßnahme zu verstehen, die Lernentwicklung und -stände von Schülerinnen und Schülern in den Kompetenzbereichen zu ermitteln, zu analysieren und in individuelle Förderangebote münden zu lassen."[108]

## 2.5 Zusammenfassung

Das Lernen und Lehren in der Grundschule steht in einem Spannungsfeld zwischen individuellen Ansprüchen und gesellschaftlichen Anforderungen. Das Recht jedes Kindes auf Entfaltung der Persönlichkeit und Gleichberechtigung ist in Anlehnung an das Grundgesetz oberste pädagogische Zielsetzung. Diese muss insbesondere in der Grundschule konsequent verfolgt werden, da hier Kinder aus verschiedenen sozialen und kulturellen Hintergründen und dementsprechend mit sehr unterschiedlichen Voraussetzungen zusammen treffen. Die Schule als gesellschaftliche Institution hat darüber hinaus die Aufgabe, die Heranwachsenden für das gemeinschaftliche Leben zu sozialisieren und sie auf ihre berufliche und private Zukunft vorzubereiten. In der Grundschule werden dafür die Grundsteine gelegt. Sie hat zusätzlich die Aufgabe, die Schüler am Ende der Grundschulzeit gemäß ihren Fähigkeiten und Begabungen für die weiterführenden Schulen zu empfehlen. Die dafür vorgesehen Oberschulempfehlungen haben weit reichende Konsequenzen für die Schullaufbahn und damit auch für die berufliche Zukunft der Heranwachsenden.

Der beschriebene Konflikt zwischen individuellen Ansprüchen und gesellschaftlichen Anforderungen an den Bildungs- und Erziehungsauftrag der Schule konkretisiert sich bei der Definition von schulischer Leistung. Sie

---

[107] vgl. Schrader, Friedrich-Wilhelm / Helmke, Andreas: Alltägliche Leistungsbeurteilung durch den Lehrer. In: Weinert, 2002, S.53f.
[108] Rahmenlehrplan Grundschule, 2004, S.16.

soll Ausdruck der Fähigkeiten des Schülers sein und somit einerseits als Grundlage für Selektionsentscheidungen dienen. Andererseits soll eine differenzierte Leistungsmessung und -bewertung dem Lehrer Aufschluss über die individuellen Bedingungen des Lernens liefern und somit Ausgangspunkt für gezielte Förderung sein. Die Forderungen nach einer kindgerechten Lernkultur und einem pädagogischen Leistungsbegriff in der Grundschule zeigen die Bemühungen der Pädagogen, den Blick verstärkt auf die entwicklungsfördernden Aspekte zu lenken. Die bildungspolitische Realität zeigt in Rahmenlehrplänen und festgelegten Bildungsstandards ebenfalls Tendenzen in diese Richtung, hält jedoch an dem gültigen Bildungssystem mit seiner Selektionsorientierung fest. Demzufolge werden von einer modernen Leistungsbeurteilung die Berücksichtigung beider Aspekte gefordert: Sie soll als Grundlage für Selektionsentscheidungen und für entwicklungsfördernde Maßnahmen dienen.

Dabei ist es wichtig, die Bedingungsfaktoren von schulischen Leistungen im Blick zu haben. Denn es konnte empirisch nachgewiesen werden, dass Lernprozesse und deren Ergebnisse von verschiedenen Faktoren abhängen: der Intelligenz und Motivation des Schülers, dem schulischen Umfeld und seinen außerschulischen Bedingungen. Besonders letzteres ist durch die Industrialisierung und Technologisierung der Gesellschaft in den letzten Jahrzehnten einem ständigen, raschen Wandel unterworfen. Familienverhältnisse, kognitive Anforderungen der Umwelt und die Möglichkeiten der Freizeitgestaltung haben sich zum Teil stark gewandelt. Auch wenn dies nicht zwangsläufig zu einem veränderten Verhalten aller Kinder führen muss, dürfen die gewandelten Lebensbedingungen bei pädagogischen Entscheidungen nicht unbeachtet bleiben. Vor allem die zum Teil großen Unterschiede zwischen einzelnen Schülern müssen in jedem Fall dazu führen, die ganz individuellen Voraussetzungen der Schüler im Unterricht und bei der Leistungsbewertung im Blick zu behalten. Nur so kann sich die Schule der Forderung nach Gleichberechtigung eines jeden Kindes annähern.

Der Lehrer als Vermittler zwischen der Gesellschaft und dem Kind hat bei der Erfüllung des Entfaltungs- und Gleichberechtigungsprinzips der Grundschularbeit eine zentrale Funktion. Dies erfordert eine Professionalisierung des Berufs, was mit der Formulierung von Standards für die Lehrerbildung durch die Kultusminister-Konferenz unterstrichen wurde. Hier werden Forderungen an die Qualität der Ausbildung und der Arbeit des Lehrers gestellt: Im gut strukturierten und differenzierten Unterricht schafft er Lerngelegenheiten, die den Schülern den Zugang zu kulturellem und fachlich relevantem Wissen ermöglichen. Darüber hinaus übt er einen positiven Einfluss auf die Entwicklung des Kindes aus und vermittelt die Normen und Werte unserer Gesellschaft. Dazu setzt er fachliches, methodisches und pädagogisches Wissen ein und reflektiert sein Handeln unter diesen Aspekten kritisch. Die Ermittlung, Analyse und Bewertung von Lernprozessen und Leistungen der Schüler als weitere Aufgabe erfordert vom Lehrer eine hohe diagnostische Kompetenz. Nur so können die individuellen Bedingungen des Lernens gewinnbringend in die Unterrichtsgestaltung eingebracht werden. Außerdem sind differenzierte und aussagekräftige Diagnosen die Grundlage für entwicklungsfördernde Maßnahmen und Selektionsentscheidungen, die den Fähigkeiten des Schülers angemessen sind. Die Theorie der Pädagogischen Diagnostik kann dafür geeignete Strategien und Methoden bereitstellen und soll deshalb im Folgenden näher betrachtet werden.

## 3. Die Theorie der Pädagogischen Diagnostik

So alt wie pädagogisches Handeln selbst sind die Bestrebungen des Pädagogen, die Erfolge seiner Bemühungen zu beobachten und festzuhalten. Dazu wurden seit jeher verschiedene zumeist vorwissenschaftliche Methoden verwendet, die dem heutigen Anspruch an professionelles pädagogisches Handeln nicht oder nur teilweise entsprachen. Nach dem Vorbild wissenschaftlicher diagnostischer Verfahren im Bereich der Medizin und Psychologie wurde deshalb in den letzten zwei Jahrhunderten auch in der Erziehungswissenschaft zunehmend die Forderung nach gesichertem und systematischem Vorgehen im Dienste der pädagogischen Erkenntnisbemühung laut. So entwickelte sich eine Teildisziplin der Pädagogik, die sich mit der Ausarbeitung wissenschaftlicher Methoden befasste und von Karlheinz Ingenkamp 1968 im Zuge eines Forschungsprojekts als Pädagogische Diagnostik getauft wurde. Im Laufe ihrer Entwicklung wurden alternative Begriffe wie „Diagnostik in pädagogischen Handlungsfeldern"[109], „pädagogisch-psychologische Diagnostik"[110] oder „Pädagnostik"[111] vorgeschlagen, die sich jedoch als Fachausdruck nicht gegen Ingenkamps Vorschlag durchsetzen konnten. Seither wurde eine Vielzahl an Abhandlungen und Lehrbüchern zu diesem Teilbereich der Pädagogik veröffentlicht. Allen voran seien hier die Lehrbücher von Ingenkamp, Klauer und Kleber zu erwähnen. Sie beschäftigen sich vordergründig mit der Frage des Gegenstandbereichs, den Zielsetzungen und Methoden der Pädagogischen Diagnostik.

Die Zusammenfassung des aktuellen Forschungsstandes unter Berücksichtigung der historischen Entwicklung soll Inhalt dieses Kapitels sein. Dabei wird zunächst die Fragestellung der Pädagogischen Diagnostik erläutert mit Blick auf die Aufgaben, Ziele, Begründungszusammenhänge und geschichtliche Entwicklung (Kapitel 3.1). In dem folgenden Kapitel 3.2 sollen Modelle und Strategien der Pädagogischen Diagnostik überblicksartig dargestellt werden, um die Einflüsse der Nachbarwissenschaften und der Bildungspolitik deutlich zu machen. Abschließend befasst sich Punkt 3.3 mit den Methodenfragen der Disziplin, also mit dem diagnostischen Prozess. Dabei sollen die verschiedenen Möglichkeiten zur Informationsgewinnung, die Gütekriterien, denen diese Methoden aus wissenschaftlicher Sicht entsprechen sollten, und die alternierenden Bezugssysteme für die Auswertung der Daten dargestellt werden.

## 3.1 Gegenstand und Entwicklung der Pädagogischen Diagnostik

Der Gegenstandsbereich der Pädagogischen Diagnostik konzentriert sich auf den Einzelfall, also auf ein Individuum mit seinen Fähigkeiten, Motivationen und sozialen Bedingungen. Die Diagnose ist nicht auf eine allgemeine Erkenntnisbemühung ausgerichtet, wie das bei der pädagogischen Forschung der Fall ist, sie hat vielmehr das Ziel, die Lernvoraussetzungen einer

---

[109] Kleber, Eduard W.: Diagnostik in pädagogischen Handlungsfeldern: Einführung in Bewertung, Beurteilung, Diagnose und Evaluation. Weinheim und Basel: Juventa-Verlag, 1992.
[110] Langfeldt, Hans-Peter / Trolldenier, Hans-Peter (Hrsg.): Pädagogisch-psychologische Diagnostik. Aktuelle Entwicklungen und Ergebnisse. Heidelberg: Roland Asanger Verlag, 1993.
[111] Kretschmann, 2004, S.180.

einzelnen Person oder einer Gruppe zu optimieren. Zwar kann es hinsichtlich der Methoden zu Überschneidungen kommen, doch ist in der Forschung der Einzelfall stets nur ein Indiz für einen Zustand, nicht aber der eigentliche Fokus des Interesses. Diese Unterscheidung erachtet Ingenkamp als wichtig, um die Eigenständigkeit der beiden Teildisziplinen zu wahren.[112] Welche allgemein gültige Definition Ingenkamp für die Disziplin Pädagogische Diagnostik aufgestellt hat und wie diese zu verstehen ist, soll im Folgenden genauer erläutert werden. Des Weiteren wird die historische Entwicklung der Diagnostik in der Pädagogik zusammenfassend dargestellt.

### 3.1.1 Definition

Der Begriff Diagnostik wird in der Medizin und der Psychologie per definitionem als das methodische Erforschen einer Person verstanden. Dabei geht es um das Erkennen von Unterschieden im Verhalten oder dem Gesundheitszustand eines Subjekts im Vergleich zu einem früheren Zeitpunkt oder zu anderen Personen. Auf dieser Grundlage können anschließend Entscheidungen getroffen werden hinsichtlich einer möglichen Therapie zur Verbesserung des Zustandes bzw. zur Annäherung an die Norm.

Übertragen auf das Gebiet der Pädagogik kann Diagnostik als „das Insgesamt von Erkenntnisbemühungen im Dienste aktueller pädagogischer Entscheidungen"[113] verstanden werden und zwar mit dem Ziel, die Erfolge pädagogischen Handelns festzustellen und zu optimieren. Gemessen wird dies an den Lernprozessen und -ergebnissen des Einzelnen oder der Gruppe, indem mithilfe von wissenschaftlich gesicherten Methoden das Verhalten des Lernenden und dessen Bedingungen untersucht werden. Auf dieser Grundlage können dann Entscheidungen getroffen werden, die zur Optimierung des pädagogischen Angebots führen sollen. Ingenkamp fasst dies in seiner Definition von Pädagogischer Diagnostik wie folgt zusammen:

*Pädagogische Diagnostik umfasst alle diagnostischen Tätigkeiten, durch die bei einzelnen Lernenden und den in einer Gruppe Lernenden Voraussetzungen und Bedingungen planmäßiger Lehr- und*

---

[112] vgl. Ingenkamp / Lissmann, 2005. S.13.
[113] Klauer, Karl Josef (Hrsg.): Handbuch der Pädagogischen Diagnostik. Düsseldorf: Pädagogischer Verlag Schwann, 1978. Band 1, S.5.

*Lernprozesse ermittelt, Lernprozesse analysiert und Lernergebnisse festgestellt werden, um individuelles Lernen zu optimieren. Zur Pädagogischen Diagnostik gehören ferner die diagnostischen Tätigkeiten, die die Zuweisung zu Lerngruppen oder zu individuellen Förderungsprogrammen ermöglichen sowie die mehr gesellschaftlich verankerten Aufgaben der Steuerung des Bildungsnachwuchses oder der Erteilung von Qualifikationen zum Ziel haben.*[114]

Die zentralen Begriffe in Ingenkamps Ausführung sind Lehren und Lernen. Sie werden offensichtlich im Sinne einer modernen Pädagogik als sich gegenseitig beeinflussende Komponenten eines Aneignungsprozesses verstanden.

Im Gegensatz zu Klauers recht kurz gefasster Definition wird bei dieser Begriffsklärung durch die besondere Betonung des einzelnen Lernenden die Abgrenzung zur pädagogischen Forschung hervorgehoben und außerdem der Optimierungsgrundsatz als Zielvorgabe der Pädagogischen Diagnostik einbezogen. Zusätzlich werden die gesellschaftlichen und didaktischen Begründungszusammenhänge genannt. Dieser differenzierten Definition wird in der Literatur weitgehend gefolgt.[115]

Die drei zentralen Aufgabenbereiche der Diagnostik im pädagogischen Handlungsfeld sind nach Ingenkamp die Erfassung von Lernerfolgen, die Beratung bei der Entscheidung über Bildungswege und die Diagnose spezieller Lernvoraussetzungen (zum Beispiel Lerndefizite oder Hochbegabung).[116] Außerdem werden diagnostische Tests zur systembezogenen Schulentwicklung eingesetzt, wie zum Beispiel bei der PISA-Studie.

Zur Begründung des Einsatzes diagnostischer Verfahren im pädagogischen Handlungsfeld werden von Jäger drei grundlegende Implikationen herangezogen: Aus gesellschaftlicher Sicht dient Pädagogische Diagnostik der Qualifikations- und Berichtsfunktion von Bildungsstätten. Die didaktische Perspektive lässt diagnostische Verfahren zur Steuerung und Kontrolle von

---

[114] Ingenkamp / Lissmann, 2005, S.13.
[115] vgl. Jäger, Reinhold S. (u.a.): Pädagogische Diagnostik. In: Roth, Leo (Hrsg.): Pädagogik. Handbuch für Studium und Praxis. München: Oldenbourg, 2001. S.848-872.
[116] vgl. Ingenkamp, Karlheinz: Pädagogische Diagnostik. In: Jäger, Reinhold S. (Hrsg.): Psychologische Diagnostik: ein Lehrbuch. 4. Auflage. Weinheim und Basel: Beltz, Psychologie-Verlags-Union, 1999. S.501f.

Lehr-Lern-Prozessen als sinnvoll erscheinen. Die Methoden der Pädagogischen Diagnostik können dem Pädagogen außerdem bei der Erfüllung seiner beruflichen Aufgaben behilflich sein, also beispielsweise seiner Bewertungs- und Rückmeldefunktion.[117]

### 3.1.2 Historische Entwicklung

Wie bereits in der Definition Ingenkamps angedeutet wurde, stehen sich zwei wesentliche Aufgaben der Pädagogischen Diagnostik gegenüber. Zum einen ist es das pädagogische Ziel diagnostischer Verfahren, den Lernprozess des Einzelnen zu optimieren. Zum anderen werden mithilfe der Pädagogischen Diagnostik Qualifikationen innerhalb des Bildungswesens und der Gesellschaft erteilt. Beide Aufgabenschwerpunkte haben eine eigenständige historische Entwicklung, die sich jedoch insbesondere seit der Einführung der allgemeinen Schulpflicht und der damit verbundenen Ablösung des Geburtsadels überschneiden und gegenseitig beeinflussen.

„Pädagogische Diagnostik des Lernens ist unentbehrlicher Bestandteil jedes planmäßigen Lernvorganges."[118] Denn aus pädagogischer Sicht war es stets von großem Interesse, das didaktische Angebot hinsichtlich seiner Angemessenheit und seines Erfolges für den Lernenden zu beobachten und zu bewerten. Während dies über viele Jahrhunderte hinweg größtenteils intuitiv und durch vorwissenschaftliche Methoden verwirklicht wurde, kam mit Einführung des allgemeinen Pflichtunterrichts in Deutschland im Jahre 1871 zunehmend der Bedarf an objektiveren Verfahren auf. Damit sollte Willkür und Begünstigung seitens des Pädagogen vorgebeugt werden. Des Weiteren sieht Ingenkamp einen Zusammenhang zwischen der Entwicklung wissenschaftlich fundierter und verstärkt individualisierter Didaktik und dem Einsatz objektiver Verfahren der Pädagogischen Diagnostik, da erstes nur durch ein entsprechendes diagnostisches Instrumentarium realisiert werden könne.[119]

Die seit Ende des 19. Jh. entwickelten Schulleistungs- und Intelligenztests wurden dazu eingesetzt, Schüler entsprechend ihrer Begabung und Fähigkeiten zu fördern, indem sie beispielsweise den entsprechenden Bildungs-

---

[117] vgl. Jäger, 2001. S. 852.
[118] Ingenkamp / Lissmann, 2005, S.20.
[119] vgl. Ingenkamp / Lissmann, 2005, S. 21f.

einrichtungen zugeordnet wurden. Am Beispiel der Einführung von Sonderschulen Ende des 19. Jh. wird deutlich, dass hier die Förderungsabsicht Vordergrund der pädagogischen Entscheidung war und nicht die mit der Selektion verbundene Erteilung von Qualifikationen. Für die Zuweisung lernbehinderter Schüler in eine entsprechende Bildungsanstalt wurde eine medizinisch-pädagogische Diagnoseinstanz eingerichtet, die anhand von festgelegten differentialdiagnostischen Kriterien Entscheidungen fällte. Dabei war es das Ziel, homogene Lerngruppen zu schaffen, die dann entsprechend ihrer geistigen Fähigkeiten gefördert werden konnten.

Der Optimierungs- und Förderungsgrundsatz der Pädagogischen Diagnostik ist jedoch gerade bei solchen Zuweisungsfragen sehr von der Selektionsfunktion der Schule überschattet. Die Erteilung von Qualifikationen über die schulischen Leistungen und Abschlüsse ist seit dem Ende des Feudalismus und der damit verbundenen Abschaffung des Geburtsadels eine wesentliche Aufgabe der Schule. Leistungen werden in Form von Ziffernzensuren festgehalten und in Zeugnissen zusammengefasst, die schließlich als Qualifikationsgrundlage für weiterführende Schulen oder Arbeitsplätze dienen (vgl. dazu Kapitel 2.1.2). Vorwissenschaftliche diagnostische Verfahren wurden dabei zur Ermittlung von Leistungsständen eingesetzt und dienten somit der Vergabe von Zensuren und Qualifikationen. Dieses Vorgehen ist bis heute weit verbreitet und blieb über lange Zeit nur vereinzelter Kritik ausgesetzt. Seit Anfang des 20. Jh. wurde jedoch insbesondere im angelsächsischen Raum der Ruf nach objektiven, verlässlichen Methoden zur pädagogischen Diagnose laut. Während in den USA und in Großbritannien zahlreiche den wissenschaftlichen Gütekriterien entsprechende Schulleistungstests entwickelt wurden, dauerte es bis in die 1950er Jahre, bis auch in Deutschland eine Zuwendung zu objektiven diagnostischen Verfahren einsetzte. Diese fanden insbesondere in der Einschulungsdiagnostik ihren Einsatz. Die immer lauter werdende Kritik an der Praxis der Notengebung in deutschen Schulen begünstigte außerdem den Einsatz wissenschaftlicher diagnostischer Methoden bei der Leistungsbeurteilung. Ingenkamps erste Veröffentlichung zur Pädagogischen Diagnostik im Jahre 1975 führte schließlich zu einem „Boom (…) in der Schulpädagogik"[120], der zur vermehrten Entwick-

---

[120] Kleber, 1992, S. 74.

lung und zum häufigeren Einsatz von Diagnoseverfahren in der Schule beitrug. Begleitet wurde diese Testwelle von teilweise überhöhten Erwartungen, die letztlich nicht erfüllt werden konnten, was zu Folge hatte, dass die in den 1970er Jahren vorherrschende Testgläubigkeit schnell in eine harsche Testkritik umkippte. Sie richtete sich vor allem gegen die Methodik und mögliche Nebenwirkungen von diagnostischen Verfahren, hatte ihre Wurzeln laut Ingenkamp aber auch in einer allgemeinen Gesellschaftskritik.[121] Die Anti-Test-Welle ebbte im folgenden Jahrzehnt jedoch langsam ab, so dass seit den späten 1980er Jahren wieder eine Zuwendung zu diagnostischen Verfahren in der (Schul-)Pädagogik zu beobachten ist. Nationale und internationale Schulleistungsstudien wie PISA, TIMSS oder VERA und die mit deren Ergebnissen verbundenen öffentlichen Debatten machen ein „Wiederaufleben der Pädagogischen Diagnostik"[122] deutlich. Die vor allem auf die PISA-Studie zurückzuführende Etablierung so genannter Bildungsstandards und die in diesem Zusammenhang neu entfachte Diskussion um einen pädagogischen Leistungsbegriff (vgl. dazu Kapitel 2.2) lässt den Ruf nach alternativen Methoden zur Erfassung des individuellen Lernerfolgs immer lauter werden. Dazu konnte die Pädagogische Diagnostik in den letzten Jahren einen wichtigen Betrag leisten, zum Beispiel durch die Entwicklung und den erprobenden Einsatz von Portfolios (vgl. dazu Kapitel 4.2.5).

Dennoch konnten die „PädagogInnen in Deutschland (...) bis heute kein gesundes, konstruktiv kritisches Verhältnis zur Diagnostik gewinnen."[123] Dies mag zum einen daran liegen, dass die Entwicklung diagnostischer Kompetenzen kein verpflichtender Teil der Aus- und Weiterbildung von Lehrkräften, ausgenommen der von Sonderpädagogen, ist. Auf der anderen Seite hängt die Selektionsfunktion der schulischen Leistungsbewertung stets wie ein Damoklesschwert über jeglicher Form der Erfassung des individuellen Lernerfolgs. Pädagogische Diagnostik steht somit immer unter dem Verdacht, ausschließlich als Mittel zur Erteilung von Qualifikationen verwendet zu werden.

---

[121] vgl. Ingenkamp / Lissmann, 2005, S.25.
[122] Jäger, 2001, S. 848.
[123] Kleber, 1992, S. 74.

## 3.2 Modelle und Strategien diagnostischen Handelns

Die Pädagogische Diagnostik ist durch ihre Verwandtschaft zur Psychologie, Soziologie und Fachdidaktik und den in diesen Disziplinen geführten Kontroversen in ihren Denk- und Handlungsweisen beeinflusst worden. Das wirkte sich vor allem auf ihre Zielsetzung und die dafür verwendeten Vorgehensweisen aus, wodurch sich bereits seit den Anfängen der Pädagogischen Diagnostik entsprechende Modelle und Strategien entwickelten. Unter einer Strategie wird dabei ein Konzept verstanden, das „der Diagnostiker benutzt, um mit Hilfe diagnostischer Daten sein antizipiertes Ziel zu erreichen."[124] Dazu müssen Entscheidungen gefällt werden, die zur Optimierung des Lernerfolgs führen. Das können Laufbahnentscheidungen, methodisch-didaktische Entscheidungen oder Interventionsentscheidungen sein. Die verschiedenen Modelle der Pädagogischen Diagnostik sollen im Folgenden zusammenfassend dargestellt werden.

### 3.2.1 Status- und Prozessdiagnostik

Die Unterscheidung zwischen Status- und Prozessdiagnostik stammt aus der Psychologie und wurde dort insbesondere in den 70er und 80er Jahren des 20. Jahrhunderts diskutiert. Während in der Statusdiagnostik davon ausgegangen wird, dass der Befund einer Diagnose stabil ist und Prognosen über die weitere Entwicklung einer Person zulässt, richtet sich die Prozessdiagnostik auf die Beobachtung von Verhaltensänderungen über einen bestimmten Zeitraum hinweg. Werden diese Modelle auf das Gebiet der Pädagogik angewendet, bilden sich zwei verschiedene Strategien mit unterschiedlichen Verwendungsbereichen. Grundsätzlich wird dabei davon ausgegangen, dass sich der Erfolg von pädagogischen Bemühungen an einem Lernprodukt bzw. -prozess messen lässt.

Die Statusdiagnostik dient im pädagogischen Handlungsfeld der Erkennung von Lernerfolgen zu einem bestimmten Zeitpunkt, zum Beispiel nach einer Lerneinheit in Form eines schriftlichen Tests. Die daraus gewonnenen Ergebnisse sagen etwas über die Angemessenheit der bisherigen pädagogischen Maßnahmen aus und ermöglichen nach Ansicht der Vertreter dieses Modells eine Vorhersage der zukünftigen Entwicklung des Schülers. Auf

---

[124] Kleber, 1992, S.53.

dieser Grundlage können didaktische Entscheidungen und Urteile zur Platzierung des Schülers in Förderprogrammen oder bestimmten Schultypen getroffen werden. Die Frage, welche Indikatoren Aufschluss beispielsweise über einen speziellen Förderbedarf geben und wo die Grenzwerte festzusetzen sind, wird im Zusammenhang mit der Statusdiagnostik häufig gestellt.

Vergleicht der Pädagoge die innerhalb einer Lerneinheit zu verschiedenen Zeitpunkten gewonnenen Informationen miteinander, wird anhand des Lernprozesses der Erfolg pädagogischer und didaktischer Maßnahmen diagnostiziert. Die bei einer solchen Prozessdiagnose durchgeführten Vor-, Zwischen- und Nachtests sind letztlich eine Abfolge von nacheinander vorgenommenen Statusdiagnosen, deren Ergebnisse in einen pädagogischen Zusammenhang gebracht werden. Auch sie können Auskunft darüber geben, welche Förderungsmaßnahmen in Zukunft angebracht sind, um den Lernerfolg zu verbessern. Im Vergleich zur Statusdiagnostik ist dieses Vorgehen mit einem relativ großen Aufwand verbunden, da zur möglichst genauen Erfassung der Lernfortschritte mehrere Tests durchgeführt werden müssten. In diesem Zusammenhang wird in der Literatur häufig das so genannte „Häufigkeits-Genauigkeits-Dilemma"[125] erwähnt.

Eine sich gegenseitig ausgrenzende Gegenüberstellung beider Strategien erachtet Ingenkamp als unangemessen, da in einem pädagogischen Zusammenhang sowohl der Lernprozess als auch das Lernergebnis regelmäßig beobachtet und festgehalten werden müsse. Je nach Anlass und Ziel der pädagogischen Diagnose sollte eine der beiden Alternativen Verwendung finden.[126]

*3.2.2 Verhaltens- und Eigenschaftsdiagnostik*

Auch die Gegenüberstellung der Verhaltens- und Eigenschaftsdiagnostik hat ihren Ursprung in einer Diskussion der Psychologie in den 1970ern und 80ern. Gegenstand der Kontroverse war die Frage, inwieweit menschliches Verhalten genetisch determiniert, also unveränderbar ist.

Die Differentielle Psychologie geht davon aus, dass hinter dem individuellen Verhalten eine begrenzte Anzahl an angeborenen Eigenschaften, so genannten Konstrukten, wie zum Beispiel Intelligenz und Begabung stecken.

---
[125] Ingenkamp / Lissmann, 2005, S.33.
[126] Ingenkamp / Lissmann, 2005, S.37f

Diese können folglich durch entsprechende Verfahren der Eigenschaftsdiagnostik gemessen und festgehalten werden. Da sie genetisch bedingt sind, bleiben die Konstrukte relativ unbeeinflusst vom Einwirken äußerer Umstände, weshalb sich zukünftiges Verhalten leicht prognostizieren lässt. Die Pädagogik kann dieser Annahme jedoch nicht unbedingt folgen, da sie stets von der Beeinflussbarkeit des menschlichen Verhaltens ausgehen muss, um ihre Daseinberechtigung nicht zu verlieren.[127]

Im Gegensatz dazu wird in der behavioristischen Psychologie das Verhalten nicht nur als das Ergebnis der Eigenschaften einer Person angesehen, es ist vielmehr der direkte Gegenstand der Analyse. Hier werden die Reaktionen des Individuums auf äußere Einflüsse und die Auslöser von bestimmten Verhaltensweisen beobachtet und inventarisiert.

Ingenkamp spricht sich schließlich für ein ergänzendes Vorgehen hinsichtlich der Eigenschafts- und Verhaltensorientierung aus. Da sich die Pädagogische Diagnostik an den Prämissen ihres Aufgabenbereichs, also der Pädagogik ausrichten müsse, „braucht [sie] ein zielorientiertes, flexibles Vorgehen, in dessen Sequenz durchaus Vorgehensweisen ergänzend aufeinander folgen können, die sonst alternativ gegenübergestellt werden."[128]

*3.2.3 Förderungs- und Selektionsdiagnostik*

Die Modelldiskussion zwischen Selektions- und Förderungsdiagnostik ist weniger durch die Psychologie als durch didaktische und bildungspolitische Debatten angeregt worden. Das dreigliedrige Schulsystem in Deutschland basiert auf der Annahme, dass Schüler gemäß ihren Begabungen unterschiedlichen Schultypen zugeordnet werden müssen, um dort bestmöglich gefördert zu werden. Es ist also Aufgabe der (Grund-)Schule, die verschiedenen Begabungstypen zu erkennen und der entsprechenden Schule zuzuweisen. Dieser Vorgang wird unter dem Begriff Selektion zusammengefasst, der in der öffentlichen Meinung zumeist eine negative Konnotation aufweist. Denn zunehmend wird in der bildungspolitischen Debatte die Forderung laut, alle Schüler gleichermaßen zu fördern, anstatt die besten auszusieben und ihnen auf dem Gymnasium die besten Bildungschancen zu bieten (vgl. dazu Kapitel 2.1).

---

[127] vgl. Ingenkamp / Lissmann, 2005, S.37.
[128] Ingenkamp / Lissmann, 2005, S.31.

In der Pädagogischen Diagnostik ist sowohl die Förderungs- als auch die Selektionsstrategie eng mit dem Optimierungsgrundsatz verbunden. In beiden Fällen sollen auf der Grundlage von Informationen, die mithilfe von diagnostischen Verfahren gewonnen wurden, Entscheidungen getroffen werden, die den Lernerfolg und dessen Bedingungen verbessern.

Bei der Förderungs- oder Modifikationsdiagnostik soll die Optimierung durch eine Veränderung im Verhalten der Person oder durch die Modifizierung der Lernbedingungen erreicht werden. Dementsprechend wird zum einen von Verhaltensmodifikation gesprochen, um durch Schulungsprogramme oder Therapien „das individuelle Verhalten gemäß einem Zielkriterium (zum Beispiel erfolgreicher Lehrabschluss, bessere Arbeitstechniken)"[129] zu verändern. Zum anderen wird unter Bedingungsmodifikation die Anpassung der Lernvoraussetzung an die Fähigkeiten des Lernenden verstanden, was durch lehr- und lernzielorientierte Tests verwirklicht werden kann.

Die Entscheidung zur Optimierung des Lernerfolgs innerhalb der Selektionsstrategie „besteht in der adäquaten Auswahl von Personen und Bedingungen."[130] Bei der Bedingungsselektion werden je nach Lernvoraussetzungen geeignete Materialien oder Lernmethoden ausgewählt, um ein optimales Lernergebnis zu erzielen. Um Schüler aus einer Gruppe auszuwählen und einer bestimmen Schullaufbahn zuzuordnen, muss aufgrund aktueller Leistungen eine Prognose über zukünftige Lernerfolge erstellt werden. Dies wird unter dem Begriff der Personenselektion zusammengefasst und in der Pädagogischen Diagnostik immer wieder kontrovers diskutiert. Während Kleber in Selektionsentscheidungen im Sinne der Personenselektion einen grundsätzlichen Widerspruch zu pädagogischen Prämissen sieht,[131] erachtet Ingenkamp diese Entscheidungsstrategie als legitim, da auch sie die Förderung der individuellen Entwicklung zum Ziel hat.[132]

---

[129] Ingenkamp / Lissmann, 2005, S.34.
[130] Kleber, 1992, S.55.
[131] vgl. Kleber, 1992, S.57.
[132] vgl. Ingenkamp / Lissmann, 2005, S.36ff.

## 3.3 Methoden der Pädagogischen Diagnostik

Die Analyse des Lernprozesses und seiner Bedingungen sowie die Feststellung eines Lernergebnisses soll im Sinne der Pädagogischen Diagnostik ein planmäßiger und wissenschaftlichen Gütekriterien entsprechender Vorgang sein. Unabhängig von dem zugrunde liegenden Modell folgt die pädagogische Diagnose im Allgemeinen einer bestimmten Vorgehensweise. Dabei werden nach Ingenkamp nacheinander folgende Arbeitsschritte befolgt: Nachdem mithilfe von diagnostischen Verfahren Information über eine Person bezüglich einer pädagogischen Fragestellung gesammelt wurden, folgt ein Vergleich der Ergebnisse nach individuellen, sozialen und/oder sachlichen Aspekten. Anschließend sollen durch eine Analyse die Gründe für eventuelle Abweichungen gefunden werden, um auf dieser Grundlage eine Prognose über das zukünftige (Lern-)Verhalten stellen zu können. Schließlich werden die Informationen geordnet, interpretiert und bewertet, um so ein Gesamtbild zusammenzustellen. Dieses sollte nun den betroffenen Personen mitgeteilt und in seiner Wirkung auf diese untersucht werden.[133] Im Anschluss an eine solche pädagogische Diagnose wird ein entsprechendes Förderangebot gemacht, um eine Optimierung des Lernprozesses zu gewährleisten.

Im Folgenden sollen die verschiedenen Formen der Informationsgewinnung überblicksartig dargestellt werden. Des Weiteren werden die wissenschaftlichen Gütekriterien erläutert, denen die einzelnen Methoden entsprechen sollten, und es wird auf die verschiedenen Bezugsnormen der Analyse und Auswertung der Messergebnisse eingegangen.

*3.3.1 Beobachtung*

Die Beobachtung ist eine grundlegende Methode der empirischen Forschung, die für die Sozialwissenschaften zum Konzept der Verhaltensbeobachtung ausgebaut wurde. In der Pädagogischen Diagnostik wird dieses Verfahren zur Gewinnung von Informationen innerhalb einer Lernsituation und als Basis für die Leistungsbeurteilung verwendet. Hier muss allerdings klar zwischen naiver und systematischer Beobachtung unterschieden werden. Denn nur zielgerichtetes, planvolles Beobachten kann den Ansprüchen

---

[133] vgl. Ingenkamp / Lissmann, 2005, S.39ff.

der Pädagogischen Diagnostik an wissenschaftlichem Vorgehen gerecht werden.

Ingenkamp folgend besteht eine systematische Beobachtung aus folgenden Arbeitsschritten:

I. Bestimmung einer Beobachtungsfrage,
II. Wahl der Situation, in der das Verhalten beobachtet werden soll,
III. Auswahl und Kategorisierung der Indikatoren für das zu beobachtende Verhalten,
IV. Festlegung des Beobachters und des Beobachtungszeitraums,
V. Reflexion unter Beachtung von typischen Beobachtungsfehlern,
VI. Protokollierung der Ergebnisse im Anschluss an die Beobachtung.[134]

Je nach Fragestellung wird zwischen unsystematischer und systematischer Beobachtung unterschieden. Dabei ist das unsystematische Vorgehen nicht mit der naiven Beobachtung gleichzusetzen, da hier grundsätzlich eine pädagogische Fragestellung vorhanden ist, die aber im Gegensatz zur systematischen Beobachtung noch sehr weit gefasst ist. Sie dient meist der ersten Orientierung in einer neuen Lernumgebung und soll auffallende Ereignisse festhalten. Ist sie weitgehend frei von Deutungen des Betrachters und damit unverfälscht, kann die unsystematische Beobachtung im Folgenden durch ein zielgerichtetes und planmäßiges Vorgehen ergänzt werden. Dazu wird ein detailliertes und strukturiertes Beobachtungsschema festgelegt, welches das Betrachtungsfeld zwar eingrenzt, aber die Vergleichbarkeit und Quantifizierung der Beobachtung erleichtert.[135]

Nachdem der Beobachtungsschwerpunkt und die -situation bestimmt sind, müssen die Merkmale festgelegt und kategorisiert werden, anhand derer das zu beobachtende Verhalten deutlich wird. Da zumeist sehr komplexe Verhaltensweisen erfasst werden sollen, müssen Indikatoren bestimmt werden, die diese operationalisieren. Ist beispielsweise die Beteiligung am Unterricht das Interesse des Beobachters, muss zunächst geklärt werden, an welchen konkreten Verhaltensweisen sich diese Gegebenheit erkennen lässt.

Bei der Auswahl des Beobachtungszeitraums ist zwischen der Ereignisstichprobe und der Zeitstichprobe zu unterscheiden. Wird die Gesamtheit eines bestimmten Verhaltensausschnitts beobachtet und dabei eine be-

---

[134] vgl. Ingenkamp / Lissmann, 2005, S.92.
[135] vgl. Ingenkamp / Lissmann. 2005, S.77ff.

stimmte Verhaltensweise dokumentiert, spricht man von einer Ereignisstichprobe. Sie erfolgt meist über einen längeren Beobachtungszeitraum hinweg und ist somit sehr zeitaufwändig. Bei der Zeitstichprobe ist die Beobachtung hingegen auf einen festgelegten Zeitabschnitt beschränkt. Sie eignet sich zur Beschreibung des gesamten Geschehens in einer bestimmten Zeit.[136]

Des Weiteren muss eine Entscheidung darüber getroffen werden, ob und inwiefern der Beobachter an der Situation, die er dokumentiert, beteiligt ist. Dementsprechend wird zwischen einer teilnehmenden und einer nicht-teilnehmenden Beobachtung unterschieden.[137] Nimmt der Betrachter am Geschehen teil, kann seine Wahrnehmungskapazität zum Teil stark eingeschränkt sein, abhängig davon, wie zentral seine Rolle im Lernprozess ist. Außerdem kann das Wissen der Person darüber, dass sie beobachtet wird, Einfluss auf ihr Verhalten haben und somit das Ergebnis verfälschen. Aus ethischen Gründen ist es jedoch abzulehnen, den Beobachteten nicht darüber zu informieren, dass eine Betrachtung stattfindet, weshalb es auch bei der nicht-teilnehmenden Beobachtung zu einer Beeinflussung des Verhaltens kommen kann.

Neben den genannten Beobachtungsfehlern gibt es eine Reihe anderer unerwünschter Einflüsse auf die Gültigkeit eines Ergebnisses. Denn jede Wahrnehmung ist durch physische, psychische und soziale Beeinflussungen beeinträchtigt, die sich auf die Auswahl, Fixierung und Gewichtung der Beobachtungen auswirken. So können Referenzfehler und Zusammenhangsfehler entstehen, denen sich der Beobachter stets bewusst sein sollte und die nach Möglichkeit verringert und kontrolliert werden müssen, um die Gültigkeit der Beobachtung zu gewährleisten.[138]

Die Protokollierung der Ergebnisse im Anschluss an eine Beobachtung kann mithilfe von Indexsystemen, Kategoriesystemen oder Ratingskalen erfolgen. Dazu wird das zu Beobachtende in objektive, standardisierte Messeinheiten zerlegt, deren Vorkommen nach Häufigkeit und Graduierung festgehalten wird. Ingenkamp erachtet diesen letzten Schritt der Beobachtungsmethode

---

[136] vgl. Kleber, 1992, S.201.
[137] vgl. Kleber, 1992, S.199.
[138] vgl. Nuding, Anton: Beurteilen durch Beobachten. Pädagogische Diagnostik im Schulalltag. Baltmannsweiler: Schneider-Verlag, 1997. S.51ff.

als den „richtige(n) Weg, Beobachtungen zuverlässiger und gültiger zu gestalten."[139]

### 3.3.2 Dialogische Verfahren

Während bei Beobachtungsverfahren ein bestimmtes Verhalten registriert wird, von dem der Beobachter auf Einstellungen und Wertungen schließen kann, wird der Proband bei den dialogischen Verfahren direkt nach seinen Interessen und Meinungen gefragt. „Allen Befragungsmethoden ist gemeinsam, dass die Befragten durch mündliche oder schriftliche Fragen oder Behauptungen, durch nicht-verbale Reize wie Bilder zu verbalen Reaktionen veranlasst werden sollen, die Informationen zum beabsichtigten Fragebereich enthalten."[140] Dadurch können objektive oder subjektive Daten, wie beispielsweise Meinungen und Einstellungen, gewonnen werden.

Im Unterschied zu alltäglichen Gesprächen geht den wissenschaftlichen Befragungsmethoden eine Planungsphase voraus, in der das diagnostische Ziel, die Fragestellungen und Antwortmöglichkeiten festgelegt werden. Außerdem muss der Verlauf und die Auswertung der Befragung einer theoriegeleiteten Kontrolle unterzogen werden. „Fragestellungen sollten frageneutral, sach- und befragtenbezogen sein, also ohne Beeinflussungen; Suggestivfragen oder Fragen mit suggestiven Charakter sind in jedem Fall zu vermeiden."[141]

Eine häufig angewendete mündliche Befragungsmethode ist das Interview, das sowohl mit einer Person als auch mit einer Gruppe durchgeführt werden kann. Je nachdem wie sehr die Anzahl, Reihenfolge und Formulierung der Fragen im Gespräch vorgegeben ist, wird zwischen wenig strukturiertem, teilstrukturiertem und stark strukturiertem Interview unterschieden. Sind verschiedene Antwortmöglichkeiten bereits vorgegeben, spricht man von geschlossenen Fragen. Um ihre Vergleichbarkeit zu erhöhen, können solche Fragen außerdem standardisiert sein, indem ihre Antworten in Kategorien zusammengefasst werden. Da dies die Gesprächssituation jedoch stark einengt, werden in der Pädagogik häufiger wenig strukturierte Interviews mit nicht standardisierten, offenen Fragen verwendet. Die Protokollierung des

---

[139] Ingenkamp / Lissmann, 2005, S.95.
[140] Ingenkamp / Lissmann, 2005, S.103.
[141] Kleber, 1992, S.213.

Interviews kann mithilfe von Audio- oder Videoaufnahmen erfolgen, über die der Befragte jedoch aus ethischen und juristischen Gründen informiert sein sollte. Zusätzlich oder alternativ dazu kann der Interviewer durch Ausfüllen eines Fragebogens oder durch Notizen den Verlauf und die Antworten der Befragung festhalten. Gerade bei nachträglich angefertigten Notizen besteht jedoch die Möglichkeit, dass sie durch subjektive Einflüsse verfälscht werden. Grundsätzlich bleibt festzuhalten, dass jede Form der Befragung durch die Situation, den Interviewer und den Befragten in ihrer Genauigkeit und Zuverlässigkeit beeinträchtigt werden kann.[142]

Eine Form der schriftlichen Befragung, die häufig Anwendung im Bereich der Pädagogischen Diagnostik findet, ist der Fragebogen. Er ist die schriftlich fixierte Strategie einer strukturierten Befragung und wird im Gegensatz zum Interview von dem Befragten selbst ausgefüllt. Auch hier können die Fragen offen oder geschlossen und ihre Antwortmöglichkeiten standardisiert oder nicht-standardisiert sein. Der Fragebogen ist im Vergleich zum wenig strukturierten Interview objektiver, zuverlässiger und vergleichbarer, engt jedoch wiederum die Befragungssituation ein. Zu wichtigen pädagogischen Fragestellungen, wie zum Beispiel Prüfungsangst und Selbstkonzept, wurden von Experten verschiedene Fragebögen nach einem festgelegten Prinzip konstruiert. Dieses Konstruktionsprinzip ist sehr aufwändig, da die dabei entwickelten Fragebögen als wissenschaftliches Instrument den allgemein gültigen Gütekriterien möglichst genau entsprechen sollen. Ingenkamp weist aber darauf hin, dass jeder Pädagoge mit weniger Aufwand selbst Fragebögen entwerfen kann, wenn dabei die wichtigsten Regeln der Konstruktion beachtet werden.[143]

*3.3.3 Testmethoden*

Neben Beobachtungs- und Befragungsmethoden ist der Test eines der drei wichtigsten Instrumente der Pädagogischen Diagnostik. Im Vergleich zu den erstgenannten Verfahren wird bei der Vorbereitung, Darbietung, Auswertung und Interpretation von Testmethoden verstärkt Wert auf standardisiertes Vorgehen gelegt, und zwar unter Berücksichtigung der wissenschaft-

---

[142] vgl. Ingenkamp / Lissmann, 2005, S.103.
[143] vgl. Ingenkamp / Lissmann, 2005, S.102f.

lichen Gütekriterien. Fast alle Tests wurden nach den Prinzipien der klassischen Testtheorie entwickelt. Während im allgemeinen Sprachgebrauch jede Art von Prüfverfahren als Test bezeichnet wird, gilt in der Pädagogischen Diagnostik eine klare Definition:

> *Tests sind Verfahren der Pädagogischen Diagnostik, mit deren Hilfe eine Verhaltensstichprobe, die Voraussetzungen für oder Ergebnisse von Lernprozessen repräsentieren soll, möglichst vergleichbar, objektiv, zuverlässig und gültig gemessen und durch Lehrer oder Erzieher ausgewertet, interpretiert und für ihr pädagogisches Handeln nutzbar gemacht werden kann.*[144]

Solche Tests können mit einzelnen Personen oder Gruppen durchgeführt werden, wobei der Fokus des Interesses stets auf einen nach inhaltlichen Aspekten ausgewählten Ausschnitt des Verhaltens oder des Lernprozesses gelegt wird. Relevante Tests im deutschsprachigen Raum sind Schulleistungstest, kombinierte Schulleistungs- und Eignungstests, Entwicklungs- und Einschulungstests, Intelligenz- und Eignungstests, Konzentrations- und Aufmerksamkeitstests sowie Sozialtests.

Eine Testaufgabe besteht aus einem Informations-, Frage- und Antwortfeld, wobei die Information auch in der Frage enthalten sein kann. Kurze Antwortmöglichkeiten können frei, in Form von Lückentexten oder Ergänzungsaufgaben, oder gebunden sein, wie das bei Zuordnungs-, Alternativ- oder Antwort-Auswahl-Aufgaben der Fall ist. Darüber hinaus kann eine Testaufgabe auch Langantworten in Form eines Essays oder Kurzaufsatzes erfordern, wobei Gedanken zur Frage vom Probanden in verbal angemessener Weise formuliert und festgehalten werden sollen. Eine dritte Form sind so genannte Performanzaufgaben, bei denen komplexere Fragestellungen bearbeitet werden müssen (zum Beispiel Projekte, Laborarbeiten). Der Fokus liegt hier bei der Dokumentation von Verlauf und Ergebnis eines Lernprozesses.

---

[144] Ingenkamp / Lissmann, 2005, S.105.

Die Auswertung von Tests ist, besonders bei der Kurzantwortform, relativ einfach und unabhängig vom Diagnostiker, da sie mithilfe von Lösungs- oder Kriterienkatalogen durchgeführt werden kann. Testkritiker sehen darin die Herabschätzung des Lehrer- bzw. Pädagogenurteils, wohingegen Befürworter die Testmethode als ein ergänzendes Hilfsmittel zur Diagnose und Analyse von Lernprozessen und -ergebnissen schätzen.[145]

*3.3.4 Gütekriterien*

Die genannten Formen der Informationsgewinnung sind Messvorgänge im sozialwissenschaftlichen Sinne. Die dabei gewonnenen Messwerte dienen der Verallgemeinerung und Vereinfachung komplexer Beobachtungen und ermöglichen den Vergleich zu anderen Erhebungen. Die Messvorgänge müssen bestimmte Bedingungen erfüllen, um dem Anspruch an wissenschaftlichem Arbeiten gerecht zu werden. Dafür wurden in Anlehnung an die klassische Testtheorie so genannte Gütekriterien entwickelt, die je nach ihrer Gewichtung nochmals in Haupt- und Nebenkriterien unterteilt werden. Seit 2002 sind diese in einer Deutschen Industrienorm für berufsbezogene Eignungsdiagnostik festgelegt und erläutert. Diese Norm dient als Grundlage für juristische Auseinandersetzungen und besitzt einen Modellcharakter für alle Anwendungsgebiete der Pädagogischen Diagnostik.[146]

Als Hauptkriterien gelten Objektivität, Reliabilität und Validität, zwischen denen bestimmte Wechselwirkungen bestehen. Die Objektivität einer Messung ist dann gegeben, wenn ihr Ergebnis unabhängig von der durchführenden Person ist. Dies sollte sowohl für die Durchführung als auch für die Auswertung und Interpretation der Messung gelten.

Objektivität gilt als Voraussetzung für die Reliabilität einer Diagnose, also den „Grad der Genauigkeit oder Sicherheit, mit dem ein bestimmtes Merkmal gemessen wird."[147] Als ein Indiz für Reliabilität gilt in erster Linie die Reproduzierbarkeit des Messergebnisses unter gleichen Bedingungen. Zur Überprüfung der Zuverlässigkeit einer Diagnose werden deshalb drei Methoden angewendet, die Wiederholungs-, Halbierungs- und Paralleltestmethode. Nach Ingenkamp kann keine Diagnose hundertprozentig reliabel

---

[145] vgl. Jürgens, 2005, S.113.
[146] vgl. Ingenkamp / Lissmann, 2005, S.61.
[147] Ingenkamp / Lissmann, 2005, S.54.

sein, da stets von Standardmessfehlern und -abweichungen ausgegangen werden müsse.[148]

Dennoch gilt die Annahme der Reliabilität einer Diagnose als Voraussetzung für das wichtigste methodische Kriterium, die Validität oder Gültigkeit. Es sagt etwas darüber aus, mit welcher Genauigkeit das zu messende Merkmal tatsächlich erfasst wurde, und bezieht sich auf vier verschiedene Dimensionen. Unter Inhaltsvalidität wird die Übereinstimmung des gemessenen Verhaltens mit dem inhaltlich geforderten Verhalten verstanden. Im schulischen Kontext ist hierbei genauer die curriculare Validität gemeint, also die Deckung der Testaufgaben mit den Anforderungen des Lehrplans. Prognosevalidität ist gegeben, wenn das Testergebnis Schlüsse auf zukünftige Ergebnisse zulässt. Ermitteln verschiedene Diagnoseverfahren das gleiche Ergebnis, entspricht das Verfahren der Übereinstimmungsvalidität. Die vierte Dimension ist die Konstruktvalidität, die dann vorhanden ist, wenn die gemessenen Ergebnisse mit dem theoretischen Modell, also einem Konstrukt übereinstimmen; „Konstrukte sind angeleitete, nicht unmittelbar fassbare, latente, komplexe Merkmale, die als relativ überdauernd angesehen werden und die unser Verhalten beeinflussen"[149] (zum Beispiel Intelligenz). Neben diesen drei Hauptkriterien werden in der Literatur weitere, so genannte Nebenkriterien genannt. Diese sind vor allem Normierung (Vorliegen von Vergleichsdaten), Ökonomie (Kosten-Nutzen-Relationen) und Testfairness (Ausschaltung von geschlechtsspezifischen, ethnischen und kulturellen Diskriminierungen).[150] Darüber hinaus werden insbesondere von Jäger immer wieder handlungsbezogene Gütekriterien gefordert, um die Umsetzbarkeit und die Akzeptanz der Pädagogischen Diagnostik zu stärken. Grundprinzipien dabei sollten die Simulation von Alltag und der Handlungsbezug sein, weshalb jedes diagnostische Instrument auf den folgenden Gütekriterien basieren solle: Komplexität, Flexibilität, Bereichsspezifität, Objektivierbarkeit und Transparenz.[151]

---

[148] Ingenkamp / Lissmann, 2005, S.56.
[149] Ingenkamp / Lissmann, 2005, S.59.
[150] vgl. Jürgens, 2005, S.80.
[151] Jäger, Reinhold S.: Gütekriterien in der Pädagogischen Diagnostik. Ein Plädoyer für deren Weiterentwicklung und Vorschläge für deren Ausgestaltung. In: Jäger, Reinhold S. / Lehmann, Rainer H. (Hrsg.): Tests und Trends 11. Jahrbuch der Pädagogischen Diagnostik. Weinheim und Basel: Beltz Verlag, 1997. S.146-165.

*3.3.5 Bezugsnormen und -systeme*

Als Bezugssystem für den Vergleich und die Analyse von diagnostischen Daten werden in der Erziehungswissenschaft existierende Normenvorstellungen herangezogen. Aus Erziehungs- und Lehrzielen, soziokulturellen Normen, Real- und Idealnormen und Beurteilungsmaßstäben ergeben sich verschiedene Bezugsnormen, die schließlich Grundlage für die Interpretation und Beurteilung der gesammelten Informationen sind. Nach Kleber lassen sich diese Normen in vier Bereiche unterteilen, wobei „jede Bezugsnorm (…) unter gewissen Zweckaspekten ihre Berechtigung (hat)."[152]

Bei der holistischen Bezugsnorm ist der Pädagoge als Experte mit einer hohen Kompetenz und Erfahrung sozusagen der Maßstab für die Leistungsbewertung. Er vergleicht das Verhalten oder Lernergebnis eines Probanden mit seinen Erfahrungen und kann so zu einem Gesamturteil kommen. Die Qualität der Bewertung ist in hohem Maß von der Kompetenz des Beurteilers und seinem subjektiven Urteils abhängig.

Werden aktuelle individuelle Leistungen mit denen derselben Person zu einem früheren Zeitpunkt verglichen, spricht man von der individuellen Bezugsnorm. Hier werden Entwicklungs- und Lernfortschritte deutlich gemacht, was eine motivierende Wirkung auf den Lernenden haben kann. Es erfordert jedoch einen vergleichbar hohen Zeitaufwand, da von einer Person immer wieder diagnostische Informationen erhoben und miteinander verglichen werden müssen.

Eine bei der schulischen Notengebung weit verbreitete Bezugsnorm ist die Bezugsgruppen- oder Normorientierung. Hierbei werden individuelle Leistungsunterschiede innerhalb einer Lerngruppe herausgestellt und es wird anhand der Verteilung der Leistungen die Bewertung vorgenommen. Dieses Vorgehen basiert auf der klassischen Testtheorie und ist mit mathematischen Mitteln relativ einfach zu bewerkstelligen.

Seit einem Beschluss der Kultusminister-Konferenz im Jahr 1968 soll die Notengebung in der Schule jedoch auf der kriterienorientierten bzw. curricularen Bezugsnorm basieren.[153] Dazu werden individuelle Leistungen mit den Anforderungen des Unterrichts oder Lehrplans verglichen. Die Aus-

---

[152] Kleber 1992, S.146.
[153] vgl. Kleber, 1992, S.147f.

wertung diagnostischer Verfahren nach dieser Bezugsnorm orientiert sich überwiegend an der probabilistischen Testtheorie.

## 3.4 Zusammenfassung

Die Pädagogische Diagnostik ist eine relativ junge Teildisziplin der Pädagogik, die sich mit dem Einzelnen und seinen Fähigkeiten, Kompetenzen, Einstellungen und Motivationen beschäftigt. Durch methodisches Vorgehen werden anhand individueller Lernprozesse und -ergebnisse die Erfolge pädagogischen Handelns gemessen und zwar mit dem Ziel, die Lernbedingungen zu optimieren. Außerdem werden diagnostische Verfahren im pädagogischen Handlungsfeld dazu verwendet, Qualifikationen innerhalb des Bildungssystems und der Gesellschaft zu verteilen.

Durch ihre Verwandtschaft zu Psychologie und Soziologie, aber auch durch bildungspolitische Debatten entwickelten sich verschiedene Modelle und Strategien innerhalb der Pädagogischen Diagnostik. Allen voran sind hierbei die Status- und Prozessdiagnostik, die Verhaltens- und Eigenschaftsdiagnostik sowie die Förderungs- und Selektionsdiagnostik zu nennen. Um den Anforderungen einer modernen Pädagogik gerecht zu werden, sollten diese Modelle jedoch nicht alternierend sondern vielmehr ergänzend zueinander betrachtet werden.

Die drei wesentlichen diagnostischen Methoden sind die Beobachtung, die Befragung und der Test. Sie unterliegen den Gütekriterien der klassischen Testtheorie, um den Anspruch an wissenschaftlichem Vorgehen zu entsprechen. Das bedeutet, die müssen objektiv, zuverlässig und gültig sein. Zum Vergleich und zur Auswertung der dabei gewonnenen Informationen können verschiedene Bezugssysteme herangezogen werden. Bei der Leistungsbeurteilung in der Schule spielen dabei besonders die Kriterien- und Bezugsgruppenorientierung eine Rolle.

# 4. Diagnostisches Handeln in der Grundschule

In der Grundschule kommen Kinder aus verschiedenen kulturellen Hintergründen und mit sehr unterschiedlichen Voraussetzungen zusammen. Jedes von ihnen hat das Recht auf Entfaltung seiner Persönlichkeit und somit auf Förderungen seiner individuellen Fähigkeiten. Daraus entsteht eine große Herausforderung für den Unterricht und den Lehrer. Erfolgreiches Unterrichten kann nur durch Differenzierung gelingen, die sich an den verschiedenen Voraussetzungen und Möglichkeiten der Kinder orientiert. Auch eine gerechte und motivierende Beurteilung der Leistungen und die individuelle Beratung bei der Bildungswegentscheidung am Ende der Grundschulzeit verlangen genaue Kenntnisse über die Lernprozesse und -bedingungen jedes Kindes. Das Unterrichten, Erziehen und Beurteilen unter Berücksichtigung der individuellen Voraussetzungen der Schüler erfordert vom Lehrer alltägliches diagnostisches Handeln. Nur so ist er in der Lage, die Lernprozesse seiner Schüler zu unterstützen und zu optimieren.

Das folgende Kapitel befasst sich mit der Frage, wie die Theorie der Pädagogischen Diagnostik im Alltag der Grundschule umgesetzt werden kann. Dazu sollen im Abschnitt 4.1 Situationen und Bereiche der Grundschularbeit ausgemacht werden, in denen diagnostisches Handeln angewendet werden kann. Die verschiedenen Methoden und Instrumente, die der Lehrer dafür einsetzen kann, werden im Kapitel 4.2 beschrieben. Des Weiteren sollen in Kapitel 4.3 die Auswirkungen, die konsequentes diagnostisches Handeln auf die Grundschularbeit hat, dargestellt werden. Dabei wird auch ein Blick auf die Probleme und Grenzen der Anwendung der Pädagogischen Diagnostik im Schulalltag geworfen.

## 4.1 Anwendungsgebiete der Pädagogischen Diagnostik

Pädagogische Diagnostik soll im Schulalltag zur Erteilung von Qualifikationen und zur Verbesserung des Lernens eingesetzt werden. Diagnostizieren bedeutet, die individuellen Lernbedingungen und -voraussetzungen der Schüler zu ermitteln und deren Auswirkungen auf den Lernprozess zu erkennen. Auf dieser Grundlage können differenzierte Leistungsbewertungen vorgenommen sowie Lernschwierigkeiten, Entwicklungsstörungen und besondere Begabungen erfasst werden. Dies ist die Voraussetzung für eine gerechte Leistungsbewertung, individuelle Förderung und die Beratung von Eltern und Schülern, zum Beispiel bei Schullaufbahnentscheidungen. Darüber hinaus können diagnostische Verfahren auch die Grundlage für die Evaluation und Qualitätssicherung des Unterrichts und der Schularbeit sein. Die genannten Anwendungsgebiete der Pädagogischen Diagnostik in der Grundschule sollen im Folgenden zusammenfassend dargestellt werden.

### 4.1.1 Schulleistungsdiagnostik

Rahmenlehrpläne und nationale Curricula halten in Form von Lernzielen fest, was Schüler lernen sollen. Ob und wie diese Ziele erreicht werden, muss die Lehrkraft regelmäßig festhalten und bewerten. Mithilfe von verschiedenen diagnostischen Methoden, wie zum Beispiel Beobachtungen und Tests sammelt sie Informationen über die schulischen Leistungen des Kindes und beurteilt sie dann anhand einer ausgewählten Bezugsnorm. Nicht alle Leistungen des Schülers sind dabei gleichermaßen gut zu erfassen. Ingenkamp unterscheidet zwischen konvergenten und divergenten Leistungen:[154] Ergebnisse eines Diktats oder einer Mathematik-Arbeit lassen sich leicht mit einer richtigen Lösung abgleichen (konvergent), während zum Beispiel Leistungen im ästhetischen Bereich schwerer einzuschätzen sind (divergent). Zu den divergenten Leistungen müssen auch solche im personalen und sozialen Bereich gezählt werden. Teamfähigkeit, Selbstreflexion und Konfliktlösungsstrategien sind durch Bildungsstandards geforderte Leistungen, die sich jedoch schwer messen lassen.

Das diagnostische Urteil über die erbrachte Schulleistung wird zum einen durch institutionelle Vorgaben gefordert, zum Beispiel bei der Vergabe von Zensuren und Zeugnissen oder bei Versetzungsentscheidungen. Zum anderen soll es der Optimierung der Lehr-Lern-Prozesse dienen.[155] Denn Schulleistungen geben Auskunft darüber, wie erfolgreich der Unterricht war, welchen Lernzuwachs er bei den Schülern hervorrufen konnte. Außerdem geben sie dem Schüler Rückmeldungen über die eigenen Fähigkeiten, was bestenfalls eine motivierende Wirkung hat.

---

[154] vgl. Ingenkamp / Lissmann, 2005, S.136.
[155] vgl. Ingenkamp / Lissmann, 2005, S.134f.

Die verschiedenen Aufgaben haben unterschiedliche Konsequenzen für die Form der Leistungsbewertung: Möglichst hohe Objektivität, Reliabilität und Validität des Urteils sind Voraussetzung für eine gerechte Bewertung im Dienste von gesellschaftlich geforderten Qualifikationen in Form von Noten und Zeugnissen. Sie muss etwas über den Lernstand des Schülers zum gewählten Zeitpunkt aussagen und ist somit vor allem status- und produktorientiert. Schulleistungsdiagnostik, die zur Optimierung des Lernangebots herangezogen wird, erfordert hingegen häufige, prozessbegleitende Diagnosen, die die individuellen Lernbedingungen berücksichtigen. „Wir brauchen unterschiedliche Verfahren je nach Zielsetzung und je nach Inhaltbereich."[156]

Die mangelnde Objektivität des Lehrerurteils wird immer wieder kritisiert. Erwartungen und Voreinstellungen können die Bewertung des Lehrers zum Teil stark beeinflussen und somit das Ergebnis verfälschen.[157] Auch die ausschließliche Orientierung an der sozialen Norm, also dem Klassenverband, kann zu Fehleinschätzungen der schulischen Leistungen führen: Ein Schüler, der im Vergleich zu seinen Klassenkameraden sehr gute Leistungen erbringt, kann in einer anderen Klasse unter dem Leistungsschnitt liegen. Um die verschiedenen Fehlerquellen zu minimieren und damit eine professionelle Leistungsbewertung zu ermöglichen, wird die Kombination des Lehrerurteils mit objektiven Verfahren gefordert.[158] Normorientierte Schulleistungstest können Schülerleistungen beispielsweise in Bezug zum Altersjahrgang setzen. Da diese allerdings zu allgemein gefasst sind, bedarf es des professionellen Lehrerurteils für eine differenzierte und individuelle Leistungsbeurteilung. Dabei ist eine „kontrollierte Subjektivität"[159] des Lehrers erforderlich, also ein kritischer und reflektierter Umgang mit der eigenen Voreingenommenheit (vgl. dazu Kapitel 4.3.2).

*4.1.2 Diagnostik von Lernbedingungen*

Schülerleistungen sind von einer Reihe von Bedingungsfaktoren abhängig (vgl. Kapitel 2.3). Sie sind bei der Diagnose nie isoliert oder statisch zu betrachten, da sie sich wechselseitig beeinflussen und sich im Laufe der Zeit

---

[156] Ingenkamp / Lissmann, 2005, S.136.
[157] vgl. Schrader / Helmke, 2002, S.46f.
[158] vgl. Schrader / Helmke: 2002, S.51.
[159] Kleber, 1992, S.138.

verändern können. Genaue Einsichten in die individuellen Lernvoraussetzungen ermöglichen einerseits ein besseres Verständnis und eine optimale Förderung des Kindes. Anderseits erfordert „erfolgreicher Unterricht (...) eine Abstimmung auf die Lernvoraussetzungen der Schüler/innen."[160] Die Diagnose der Bedingungsfaktoren kann planmäßig, also mithilfe von standardisierten Tests stattfinden. Fähigkeitstests ermitteln beispielsweise kognitive Teilfähigkeiten, wie Wortschatz und Konzentrationsfähigkeit. Schulleistungstest können außerdem spezielle schulische Leistungen erfassen, die als Vorwissen die Grundlage für didaktische Entscheidungen sind. Am Ende einer Unterrichtssequenz kann durch den Einsatz solcher Tests zum Beispiel ermittelt werden, ob alle Schüler über das Wissen verfügen, das die Basis für eine darauf aufbauende Unterrichtsreihe bildet. Der Erziehungswissenschaftler Probst hält in diesem Zusammenhang fest, „dass spezifische proximale Diagnostika mitsamt einer zugeordneten Trainings- oder Fördermaßnahme helfen können, die schlecht vorinformierten Kinder zu erkennen und dann präventiv zu fördern."[161]

Weitere Bedingungsfaktoren wie das Sozialklima der Klasse, die Motivation oder eventuelle Prüfungsangst des Schülers sowie das familiäre Umfeld können hingegen schwer durch solche standardisierten diagnostischen Verfahren erfasst werden. Dies liegt teilweise auch daran, dass nur wenige für die Schulpraxis geeignete Instrumente zur Verfügung stehen.[162] Der Lehrer ist hier deshalb vor allem auf Beobachtungen angewiesen. Auch das Einbeziehen der Eltern und Schüler durch gezielte Befragungen kann dabei hilfreich sein. Dies setzt allerdings gerade bei sensiblen Themen wie Prüfungsangst oder Problemen im familiären Umfeld eine Vertrauensbasis zwischen Lehrer und Eltern bzw. Schüler voraus.

*4.1.3 Entwicklungs- und Eignungsdiagnostik*

Neben der Ermittlung von Schülerleistungen und ihren Bedingungen können Diagnosen auch Aussagen über die Eignung des Kindes für den Schulanfang oder den Übergang zu weiterführenden Schulen treffen. Darüber hinaus können sie dazu eingesetzt werden, die Entwicklung des Schülers zu

---

[160] Schrader / Helmke, 2001, S.52
[161] Probst, Holger: Vorhersagen und Vorsorgen. Tests, die weiterführen. In: Becker u.a., 2006, S.94.
[162] vgl. Ingenkamp / Lissmann, 2005, S.272ff.

beobachten und dabei einen eventuellen Förderbedarf deutlich machen. Pädagogische Entscheidungen, die auf Ergebnissen der Entwicklungs- und Eignungsdiagnostik beruhen, haben weitreichende Konsequenzen für die Schullaufbahn und die berufliche und private Zukunft des Kindes.

Seit den 1950er Jahren wurden in Deutschland normierte Tests eingesetzt, um die Schulfähigkeit eines Kindes vor seiner Einschulung zu testen. Dies basierte auf einem Schulreifekonzept, das bestimmte motorische und kognitive Fähigkeiten als Voraussetzung für den späteren Schulerfolg ansieht.[163] Auch wenn viele Annahmen dieses Konzepts im Laufe der Jahre empirisch widerlegt werden konnten, wurde lange an einem Verfahren zur Testung der Schulfähigkeit festgehalten. Dazu wurde ein gesetzlich verpflichtendes Testprogramm vom Gesundheitsamt durchgeführt, das die Einschätzung der motorischen, sprachlichen und geistigen Fähigkeiten des Kindes zum Ziel hatte. Wurden hier Probleme oder Störungen festgestellt, konnte das Kind zurückgestellt, also seine Einschulung verschoben, oder an eine Sonderschule überwiesen werden. Das neue Berliner Schulgesetz sieht zwar immer noch eine verpflichtende schulärztliche Untersuchung für alle Schulanfänger vor[164], jedoch nicht mit dem Zweck, die Schulreife des Kindes festzustellen. Denn Zurückstellungen sind nicht mehr möglich, jedes Kind im Alter von fünf bis sechs Jahren wird eingeschult. Durch schulärztliche Untersuchungen sollen vielmehr die individuellen Voraussetzungen der Schüler ausgemacht werden, um die flexible Schuleingangsphase der Grundschule besser an die Fähigkeiten der Schüler anzupassen und sie angemessen zu fördern.[165] Darüber hinaus werden vor der Einschulung Sprachtests durchgeführt, die die Entwicklung und Fähigkeiten des Kindes im Gebrauch der deutschen Sprache feststellen. Wird hier ein Rückstand deutlich, ist der Besuch eines sechsmonatigen Sprachkurses in der Vorschule vorgesehen.[166] Solche Untersuchungen können dem Lehrer wichtige diagnostische Informationen für die Steuerung und Planung des Unterrichts sowie für die individuelle Förderung der Schüler liefern.

---

[163] vgl. Nickel, Horst: Schulreife und Schuleingangsdiagnostik. In: Heller, 1984, S.275ff.
[164] vgl. Berliner Schulgesetz, 2007, § 55 (5), S.51.
[165] vgl. Berliner Schulgesetz, 2007, § 20 (2), S.25f.
[166] vgl. Berliner Schulgesetz, 2007, § 55 (2), S.50.

Die Entwicklung der Lese-Rechtschreib-Kompetenz und der mathematischen Fähigkeiten ist ein grundlegendes Ziel der Grundschularbeit. Beide Prozesse benötigen viel Unterstützung und können durch verschiedene Faktoren gestört werden. Die Vielzahl an Untersuchungen zur Erklärung der Lese-Rechtschreib- oder Rechen-Schwäche belegen dies. Diagnostische Verfahren können Lehrkräfte dabei unterstützen, die Entwicklung ihrer Schüler zu beobachten und zu fördern. Rudolf Kretschmann hat dazu beispielsweise ein Kompendium entwickelt, das verschiedene lernrelevante Kompetenzen und Einstellungen durch Aufgaben und Beobachtungs- sowie Befragungsleitfäden untersucht.[167] Durch solche oder ähnliche Tests können Fördermaßnahmen entwickelt werden, die an den individuellen Lernschwierigkeiten der Schüler anknüpfen oder ihre besonderen Begabungen unterstützen. Auch die Feststellung eines sonderpädagogischen Förderbedarfs kann mithilfe diagnostischer Verfahren erfolgen. Gravierende Störungen in der Entwicklung des Kindes, auch in Bezug auf die motorischen oder sozialen Fähigkeiten, können so aufgedeckt und für spezielle Förderung zugänglich gemacht werden. Dazu empfiehlt sich die Kontaktaufnahme mit Experten, zum Beispiel mit dem schulpsychologischen Dienst.

Am Ende der Grundschulzeit ist die Empfehlung für eine weiterführende Schule eine schwierige Aufgabe des Lehrers. Hier muss eine Entscheidung darüber getroffen werden, an welchem Schultyp der größte Lernerfolg für den Schüler zu erwarten ist. Dazu muss anhand der individuellen Fähigkeiten und Voraussetzungen eine Prognose über die zukünftigen Leistungen des Kindes getroffen werden. Die Diagnose der bisherigen Schülerleistungen unter der Berücksichtigung von kognitiven, nicht-kognitiven und sozialen Faktoren sollte dabei die Grundlage von Bildungswegentscheidungen sein. Diese haben meist weit reichende Konsequenzen für die Schullaufbahn, da faktisch zwar eine Durchlässigkeit zwischen den verschiedenen Schultypen vorhanden ist, diese jedoch praktisch nur nach unten genutzt wird.[168] Wenn ein Oberschüler den Schultyp wechselt, dann meist vom Gymnasium zur Realschule oder von der Real- zur Hauptschule und somit

---

[167] Kretschmann, Rudolf / Dobrindt, Yvonne / Behring, Karin: Prozessdiagnose der Schriftsprachkompetenz in den Schuljahren 1 und 2. 3. Auflage. Horneburg: Persen, 2003.
[168] vgl. Rösner, Ernst: Ungleiche Bildungschancen im Spiegel von Schulleistungen. In: Fischer, Dietlind / Eisenbast, Volker (Hrsg.): Zur Gerechtigkeit im Bildungssystem. Münster: Waxmann Verlag, 2007. S.17.

zu der Möglichkeit eines geringwertigeren Schulabschlusses. Ergebnisse der IGLU-Studie konnten außerdem belegen, dass mehr als ein Drittel der Schüler nicht an die ihren Leistungen und Fähigkeiten angemessene Schulform empfohlen werden.[169] Dies führt zu der Forderung, das Lehrerurteil durch gesicherte diagnostische Verfahren und Intelligenztests zu unterstützen, um eine höhere Validität der Oberschulempfehlungen zu erreichen.[170]

*4.1.4 Beratung von Schülern und Eltern*

Beratung von Schülern und Eltern hat im Schulalltag vor allem zwei Funktionen: Zum einen soll sie „Orientierungs- und Entscheidungshilfe bei der Verwirklichung angestrebter Bildungsziele leisten."[171] Dies kommt besonders an den Nahtstellen des Bildungssystems, also in der Grundschule bei den bereits erwähnten Oberschulempfehlungen durch den Lehrer, zum Einsatz. Der Angebotscharakter schulischer Beratung ist dabei zu erwähnen: Der Lehrer gibt höchstens Empfehlungen ab, die als Entscheidungshilfen für den Schüler oder die Eltern gedacht sind, sein Urteil ist nicht verpflichtend. Eine weitere Funktion von Beratungen ist die Verbesserung des Lernangebots und die Bildungs- und Begabungsförderung. Dazu werden die Lern- und Leistungsentwicklungen des Schülers diagnostiziert und Lösungsvorschläge bei Problemen oder Maßnahmen bei Störungen und zur Förderung von Hochbegabung angeboten. Ingenkamp weist daraufhin, dass „die Beschaffung diagnostischer Informationen fast immer Voraussetzung für die Beratung, aber nicht Bestandteil des Beratungsvorgangs im engeren Sinne" ist.[172]

Im Gegensatz zum speziell ausgebildeten Beratungslehrer oder dem Schulpsychologen werden Lehrer nur wenig für Beratungstätigkeiten ausgebildet. Sie haben durch die Nähe zum Schüler allerdings den Vorteil, differenzierte und langfristige Diagnosen in die Beratung einfließen lassen zu können. Zusätzlich zu Beobachtungen und Leistungsdiagnosen können auch normierte Tests als diagnostisches Instrumentarium eingesetzt werden, um die Qualität der Beratung zu verbessern. Insbesondere bei gravierenden Störun-

---

[169] vgl. Rösner, 2007, S.18.
[170] vgl. Ingenkamp / Lissmann, 2005, S.259.
[171] Schwarzer, Christine: Beratung in der Schule. In: Weinert, 1997, S.772.
[172] vgl. Ingenkamp / Lissmann, 2005, S.316.

gen sollten jedoch Beratungslehrer und Schulpsychologen hinzugezogen werden.

*4.1.5 Evaluation und Qualitätssicherung*

Durch das neue Berliner Schulgesetz sind Schulen zu einer regelmäßigen Evaluation und Qualitätssicherung ihrer Arbeit verpflichtet. Dies kann durch interne oder externe Maßnahmen umgesetzt werden, was entweder dem Schulleiter oder der Schulaufsichtbehörde obliegt.[173] Dazu werden diagnostische Verfahren wie schriftliche und mündliche Schulleistungsmessungen eingesetzt, deren Ergebnisse regional, national oder international verglichen und in Bildungsberichten veröffentlicht werden. Das Ziel solcher Untersuchungen ist es, die Schülerleistungen den von der KMK festgelegten Bildungsstandards gegenüberzustellen und somit die Qualität der Arbeit einzelner Schulen und deren Lehrer festzustellen.

In der Grundschule sind so genannte Vergleichsarbeiten am Ende der Jahrgangsstufen zwei und am Anfang der vierten Klasse vorgesehen. Hierbei werden das Leseverständnis und die Lesegeschwindigkeit sowie mathematische Kompetenzen wie das Zahlenverständnis und Problemlösefähigkeiten getestet. Das Institut für Schulqualität der Länder Berlin und Brandenburg (ISQ) stellt zu diesem Zweck standardisierte Tests zur Verfügung und wertet diese aus. Des Weiteren nehmen Grundschulen an internationalen Untersuchungen wie zum Beispiel TIMSS I teil.

Die Ergebnisse solcher Erhebungen dienen zum einen der „Bereitstellung von Steuerungswissen"[174], also zur Untersuchung der Wirksamkeit des Schulsystems sowie der Entwicklung von Richtlinien zur Lehreraus- und -weiterbildung und der Erarbeitung von curricularen Konzeptionen. Auf der anderen Seite können solche diagnostischen Verfahren auch Aussagen über die Qualität des Unterrichts und die Leistungen einzelner Schüler oder Lerngruppen machen. Lehrer können auf dieser Grundlage individuelle Fördermaßnahmen entwickeln und ihren Unterricht optimieren.

---

[173] vgl. Berliner Schulgesetz, 2007, § 9 (1) bis (3), S.13.
[174] Peek, Rainer: Die Bedeutung vergleichender Schulleistungsmessungen für die Qualitätskontrolle und Qualitätsentwicklung von Schulen und Schulsystemen. In: Weinert, 2002, S.330.

## 4.2 Traditionelle und alternative diagnostische Verfahren

Diagnostische Verfahren dienen der Informationsgewinnung über die individuellen Lernprozesse und -bedingungen eines Schülers oder einer Lerngruppe. Auf dieser Grundlage kann der Lehrer die schulischen Leistungen jedes Kindes differenziert beurteilen, seine Entwicklung einschätzen und fördern sowie Eltern und Schülern bei Schullaufbahnentscheidungen beratend zur Seite stehen.

Dazu stehen der Lehrkraft verschiedene Methoden zur Verfügung. Diagnostische Verfahren wie mündliche und schriftliche Tests sowie Beobachtungen dienen vorrangig der Erfassung des Leistungsstandes und geben Auskunft über die Entwicklung des Schülers und seiner Kompetenzen. Diese Methoden werden im schulischen Alltag seit jeher eingesetzt und wurden in den letzten Jahren hinsichtlich ihrer diagnostischen Nutzbarkeit erweitert. Zusätzlich dazu wurden verstärkt alternative diagnostische Methoden entwickelt und erprobt. Hierzu zählen standardisierte und informelle Tests zur Leistungsmessung und Erfassung von Lernbedingungen sowie prozessbegleitende Formen der Selbsteinschätzung. Für eine umfassende Diagnose der individuellen Lernprozesse und ihrer Bedingungen sollten möglichst verschiedene Methoden eingesetzt werden, die aufeinander aufbauen und sich gegenseitig ergänzen.[175]

Die traditionellen und alternativen Methoden zur Gewinnung diagnostischer Informationen werden im Folgenden dargestellt. Dabei soll auf die Anwendungsgebiete und Grenzen dieser Verfahren hingewiesen werden.

*4.2.1 Mündliche und schriftliche Leistungserfassung*

Schulische Leistungen werden meist in Form von mündlichen oder schriftlichen Prüfungen erfasst. Der Einsatz dieser Verfahren hat eine lange Tradition, ist jedoch in den letzten Jahren durch verschiedene Untersuchungen vermehrt in die Kritik geraten. So konnte beispielsweise nachgewiesen werden, dass Vorinformationen und Erfahrung des Lehrers sowie das Sprechtempo und die sprachlichen Fähigkeiten des Schülers die Bewertung von mündlichen Leistungen zum Teil stark beeinflussen.[176] Die Beurteilung

---
[175] vgl. Paradies, Liane / Linser, Hans Jürgen / Greving, Johannes: Diagnostizieren, Fordern und Fördern. Berlin: Cornelsen Verlag Scriptor, 2007. S.86
[176] vgl. Ingenkamp / Lissmann , 2005, S.139f.

schriftlicher Prüfungen ist ebenfalls in ihrer Objektivität, Zuverlässigkeit und Validität aus diagnostischer Sicht nicht ausreichend.[177] Mündliche und schriftliche Tests zählen deshalb zu den subjektiven Formen der Leistungserfassung.

Mündliche Leistungserfassung findet in der Grundschule hauptsächlich durch die Beteiligung des Schülers am Unterrichtsgespräch statt. Hierbei können sowohl Wissen und Lernerfolg abgefragt als auch sprachliche und Lese-Fähigkeiten erfasst werden. Mündliche Präsentationen, zum Beispiel in Form einer Buchvorstellung oder als Darbietung von Ergebnissen aus Projektarbeiten, lassen ebenfalls Schlüsse über die sprachliche Entwicklung des Schülers zu. Um mündliche Leistungen gezielt und möglichst objektiv erfassen zu können, empfiehlt es sich, die Leistungsanforderungen im Vorfeld möglichst genau festzulegen und einen Kriterienkatalog zu erarbeiten.[178] Dieser kann ähnlich wie ein Beobachtungsbogen die Erfassung der geforderten Leistungen erleichtern. Notizen über die Beiträge des Schülers im Unterricht bieten außerdem die Möglichkeit, auch solche Leistungen festzuhalten, die in dieser Situation nicht explizit gefordert waren, aber trotzdem bedeutend für die Einschätzung des Schülers sind.

Auch schriftliche Leistungserfassung in Form von Klassenarbeiten müssen regelmäßig vom Lehrer durchgeführt werden.[179] In der Grundschule erfolgt dies in den Fächern Deutsch und Mathematik in Form von Diktaten, Aufsätzen, Grammatik- und Mathematikarbeiten, in den anderen Fächern in Form von Kurzkontrollen. Hierbei sollen das Wissen des Schülers und seine Fähigkeiten abgefragt werden. Die Beurteilung konvergenter Leistungen, zum Beispiel das Beherrschen des kleinen Einmaleins, kann dabei relativ einfach erfolgen, da die Aufgaben eine eindeutig richtige Lösung haben. Für sprachliche Leistungen in Aufsätzen muss hingegen zunächst ein detaillierter Kriterienkatalog erstellt werden, um sie differenziert und objektiv bewerten zu können.

Mündliche und schriftliche Leistungsüberprüfungen dienen nicht nur als Grundlage für Bewertungen und Zensierung. Sie können dem Lehrer auch Auskunft darüber geben, welche Schwierigkeiten einzelne Schüler oder die

---

[177] vgl. Jürgens, 2005, S.82.
[178] vgl. Bartnitzky / Christiani, 1994, S.69f.
[179] vgl. Berliner Schulgesetz, 2007, §58 (5), S.54.

Lerngruppe im konkreten Anforderungsbereich haben. Das bildet die Grundlage für gezielte Förderung und Anpassung des Unterrichts an die Voraussetzungen der Lerngruppe. Bei der Konstruktion von Klassenarbeiten und der Erfassung schulischer Leistungen sollte der Lehrer daher versuchen, einen differenzierten Blick auf die Fähigkeiten und das Wissen der Schüler zu werfen. Bei Diktaten kann beispielsweise eine Fehleranalyse Auskunft darüber geben, welche Rechtschreibregeln dem Schüler noch besondere Probleme bereiten und gezielt geübt werden müssen.[180] Ähnliches gilt auch für die Beurteilung und Analyse von Mathematikarbeiten.[181]

*4.2.2 Standardisierte und informelle Tests*

Aufgrund der Tatsache, dass die beschriebenen traditionellen Formen der Leistungsmessung sehr subjektiv sind und damit den Gütekriterien diagnostischer Methoden nur bedingt entsprechen, wurden in den letzten Jahren vermehrt standardisierte Schulleistungstests entwickelt. Diese dienen nicht, wie von einigen Testkritikern behauptet, der Herabsetzung des Lehrerurteils. Sie sind vielmehr als eine Ergänzung zu den traditionellen Verfahren zu betrachten.[182]

Schulleistungstests werden meist auf der Grundlage der klassischen Testtheorien mit dem Ziel konstruiert, den Gütekriterien Objektivität, Validität und Reliabilität zu entsprechen. Mithilfe solcher Tests sollen ein oder mehrere Merkmale untersucht werden, zum Beispiel Lernerfolg oder Leistungsstand, wobei das individuelle Ergebnis entweder in Bezug auf eine Lerngruppe oder ein festgelegtes Kriterium, zum Beispiel ein Lernziel, gesetzt wird. Dementsprechend wird zwischen bezugsgruppen- und kriteriumsorientierten Tests unterschieden.[183]

In der Grundschule sind standardisierte Schulleistungsmessungen in Form von Vergleichsarbeiten in den Jahrgangsstufen zwei und vier vorgeschrieben. Diese testen Lese-Rechtschreib- und mathematische Fähigkeiten und dienen vorrangig der Qualitätssicherung und Evaluation von Unterricht und Schule. Darüber hinaus können sie der Lehrkraft auch Hinweise zum Entwicklungsstand des Schülers geben und die Leistungen der Lerngruppe mit

---

[180] vgl. Bartnitzky / Christiani, 1994, S.98f.
[181] vgl. Wendeler, Jürgen: Förderungsdiagnostik im Primarbereich. In: Heller, 1984, S.289.
[182] vgl. Jürgens, 2005, S.113.
[183] vgl. Ingenkamp / Lissmann, 2005, S.156.

dem Jahrgangsdurchschnitt vergleichen. Neben diesen verpflichtenden Schulleistungstests steht dem Lehrer eine Vielzahl weiterer standardisierter Tests zur Verfügung, insbesondere für die Lernbereiche Deutsch und Mathematik. Sie können als Grundlage für Leistungsbeurteilungen, zur Testung der Lernausgangslage der Klasse oder in regelmäßigen Abständen durchgeführt als prozessbegleitendes Diagnosemittel eingesetzt werden. Außerdem wurden eine Reihe von Kreativitäts-, Intelligenz- und Eignungstests entwickelt, die jedoch eher für die Feststellung eines besonderen Förderbedarfs oder besonderer Begabungen von schulexternen Experten verwendet werden. Einen Überblick über geeignete Testverfahren liefern Paradies u.a.[184]
Als Kompromiss zwischen schriftlichen Leistungsüberprüfungen und standardisierten Tests wurde das Verfahren informeller Tests entwickelt. Hierbei können Lehrer an ihre Klasse angepasste und alltagstaugliche Leistungsüberprüfungen nach festgelegten Regeln konstruieren, die sich den Gütekriterien annähern. Ziel dieser Tests ist die möglichst objektive und zuverlässige Ergebnissicherung der vom Lehrer geplanten Lernvorgänge in einer Klasse. Für die Konstruktion gelten genauso wie bei standardisierten Tests einige Grundregeln, die jedoch an die methodischen und zeitlichen Ressourcen des Lehrers angepasst sind: Es bedarf einer vorbereitenden Planung, einer Analyse des zu testenden Lernziels und einer darauf aufbauenden Aufgabenkonstruktion sowie einer abschließenden kritischen Reflexion der Nutzbarkeit und Objektivität des Tests.[185] Der Vorteil informeller Schulleistungsmessungen besteht darin, dass sie gezielt entwickelt und eingesetzt werden können, um der Lehrkraft notwendige Informationen für die individuelle Förderung des Schülers und die genaue Planung des Unterrichts zu liefern. Durch festgelegte Konstruktionsregeln ist die Entwicklung solcher Tests jedoch mit einem größeren Aufwand verbunden, als es bei Klassenarbeiten der Fall ist.

Der Einsatz standardisierter und informeller Schulleistungsmessungen wird unter Pädagogen nicht einstimmig befürwortet. Kritikpunkte sind vor allem die einseitige Orientierung solcher Tests am Lernergebnis, wobei die Lernausgangslage des Schülers nur wenig Berücksichtigung findet, und an der Konzentration auf kognitive Fähigkeiten. Auch wenn Testverfahren wie die

---

[184] vgl. Paradies u.a., 2007, S.100ff.
[185] vgl. Ingenkamp / Lissmann, 2005, S.174.

PISA-Studie kompetenzorientierte Aufgaben verwenden, die die individuellen Lernfortschritte der Schüler festhalten wollen, halten Paradies u.a. „diese Verfahren im pädagogischen Alltag nur für bedingt einsetzbar."[186] Um eine differenziertes diagnostisches Urteil über die Lernleistungen des Schülers fällen zu können, bedürfe es einer Ergänzung dieses Verfahrens um systematische Beobachtungen und Befragungen von Eltern und Schülern.

### 4.2.3 Verhaltensbeobachtung

„Beobachtung ist eine zentrale professionelle Kompetenz von Lehrkräften. Sie stellt die Grundlage für die Gewinnung pädagogischer Einsichten, für Bewertungen und für die Entwicklung von Förderperspektiven dar."[187] Der Vorteil gegenüber Prüfungen und Tests liegt darin, dass Beobachtungen auch divergente Leistungen erfassen und die Entwicklung des Schülers über einen längeren Zeitpunkt prozessbegleitend verfolgen können. Zusätzlich lassen sich individuelle Lernbedingungen im entsprechenden Kontext beobachten, zum Beispiel das Interesse des Schülers am Unterrichtsgegenstand. Das Schülerverhalten wird vom Lehrer während des Unterrichts automatisch wahrgenommen und verarbeitet. Solche unsystematischen Beobachtungen können der Orientierung in neuen Lerngruppen dienen und von der Lehrkraft in einem Pädagogischen Tagebuch festgehalten werden.[188] Sie sollte sich dabei jedoch darüber bewusst sein, dass solche Beobachtungen sehr subjektiv sind, das heißt, von der persönlichen Einstellung und Erfahrung abhängen. Es ist deshalb ratsam, das beobachtete Verhalten zunächst nur festzuhalten, ohne es zu bewerten.

Werden Beobachtungen systematisiert und strukturiert, können sie trotz der Subjektivität des Lehrers verlässliche Daten über das Schülerverhalten liefern.[189] Dazu muss der theoretische Rahmen und eine Fragestellung festgelegt werden. Es muss geklärt werden, welches Verhalten des Schülers wann und wie lange beobachtet werden soll und an welchen Merkmalen dieses zu fassen ist. Soll beispielsweise die Konzentrationsfähigkeit des Schülers fest-

---

[186] Paradies u.a., 2007, S.84.
[187] Werning, Rolf: Lern- und Entwicklungsprozesse fördern. Pädagogische Beobachtung im Alltag. In: Becker u.a., 2006, S.11.
[188] vgl. Bartnitzky / Christiani, 1994, S.60.
[189] vgl. Paradies u.a., 2007, S.110.

gehalten werden, müssen konkrete Verhaltensweisen bestimmt werden, an denen diese zu messen ist. Dabei sollte das Verhalten nach Möglichkeit sowohl in seiner Qualität als auch in der Quantität beobachtet, jedoch noch nicht bewertet werden. Beobachtungen können während des gesamten Unterrichts oder in festgelegten Phasen stattfinden. Das Sozialverhalten kann beispielsweise besonders in Gruppen- oder Partnerarbeit beobachtet werden. Zur Feststellung eines Förderbedarfs ist die Beobachtung über einen längeren Zeitraum oder in bestimmten Intervallen von Nutzen.

Damit die so gewonnenen Daten bei der Leistungsbewertung oder als Grundlage für spezielle Förderungsangebote oder Beratungsgespräche genutzt werden können, sollte die Lehrkraft ihre Beobachtungen möglichst genau festhalten. Dies kann in Form von Beobachtungsbögen geschehen. Für das Lern-, Arbeits- und Sozialverhalten von Schülern haben Paradies u.a. eine Reihe von Beobachtungsbögen zusammengestellt, die besonders für den Gebrauch in der Sekundarstufe I und II gedacht sind, jedoch mit einigen Abwandlungen auch für den Einsatz in der Grundschule geeignet sind.[190] Eine Vielzahl solcher und ähnlicher Beobachtungsbögen wurde in den letzten Jahren veröffentlicht. Ingenkamp weist jedoch darauf hin, dass diese meist für den Gebrauch im Schulalltag konzipiert wurden und nicht immer den Konstruktionsregeln der Pädagogischen Diagnostik entsprechen.[191] Ist der Lehrer sich jedoch über die theoretische Grundlage dieser Methode und die möglichen Beobachtungsfehler bewusst, ist sie ein sehr hilfreiches Mittel für Diagnosen im Schulalltag.

*4.2.4 Schülerbefragung und Elterngespräch*

Bei der Diagnose von Lernvoraussetzungen sollten die Schüler und ihre Eltern bewusst miteinbezogen werden. Mithilfe von Fragebögen können beispielsweise die Vorerfahrungen mit oder die Einstellungen der Schüler zu einem Unterrichtsthema abgefragt werden. Somit ist die Lehrkraft in der Lage, den Unterricht angemessen zu planen und auf die individuellen Lernvoraussetzungen der Schüler einzugehen. Die Schwierigkeit besteht gerade in den ersten Schuljahren jedoch darin, dass die Beherrschung der Schriftsprache eine notwendige Bedingung für den Einsatz von Fragebögen ist.

---

[190] vgl. Paradies u.a., 2007, S.156ff.
[191] vgl. Ingenkamp / Lissmann, 2005, S.178ff.

Dieses Problem kann umgangen werden, indem auf die Verwendung von Ikons oder anderen symbolischen Darstellungen zurückgegriffen wird. Eine weitere Möglichkeit ist die mündliche Befragung der Schüler in Form eines Einzelinterviews oder Klassengesprächs. Im Dialog mit den Eltern kann der Lehrer außerdem Einsicht in das familiäre Umfeld und die außerschulischen Aktivitäten des Schülers bekommen.

Solche Befragungen setzen zum einen eine Vertrauensbasis zwischen Lehrer und Schülern bzw. Eltern voraus. Zum anderen sollte die Planung, Durchführung und Dokumentation einer Befragung möglichst den wissenschaftlichen Vorgaben entsprechen, um objektive und nutzbare Ergebnisse zu erhalten.

### 4.2.5 Portfolio und Lerntagebuch

Eine weitere Möglichkeit, die Schüler aktiv in den diagnostischen Prozess einzubeziehen, ist der Einsatz von prozessbegleitenden Selbsteinschätzungen. Denn „Selbstbeobachtung und Selbstbewertung können einen wirksamen Beitrag zur Diagnose und einer daraus abgeleiteten Förderung leisten."[192] Dies kann durch das Anlegen eines Portfolios oder eines Lerntagebuchs erfolgen.

Ein Portfolio ist eine Mappe oder Kiste, in der Schüler „ihren Fortschritt und ihre persönlichen Lernwege in Bezug auf die grundlegenden Lernziele dokumentieren."[193] Der Begriff stammt ursprünglich aus dem Finanzwesen und wurde zunächst in den USA im Zusammenhang mit einer Methode für den Unterricht verwendet. Je nach Funktion und Anwendung wird zwischen verschiedenen Formen unterschieden: Arbeits-, Beurteilungs-, Vorzeige-, Prozess- und Bewerbungsportfolio.[194] Ziel ist die Dokumentation und Reflexion des Lernprozesses aus der Sicht des Schülers.

Zunächst sind die Schüler dazu angehalten, ihre Arbeiten zu den Inhalten und Themen des Unterrichts zu sammeln und einige davon für ihr Portfolio auszuwählen. Je nach Aufgabenstellung und Art des Portfolios sind dies entweder Arbeiten, die den Lernfortschritt bezüglich eines Lernziels zeigen

---

[192] Buschmann, Renate: „Ich melde mich". Schülerinnen und Schüler beobachten und bewerten sich selbst. In: Becker u.a., 2006, S.127.
[193] Hecker, Ulrich: Vom Wert der Mühe – gesammelte Lernspuren im Portfolio. In: Bartnitzky / Speck-Hamdan, 2004, S.90.
[194] vgl. Ingenkamp, 2005, S.191.

(zum Beispiel Proben der Handschrift), oder herausragende Arbeiten, die das Können des Schülers verdeutlichen. So entstehen Mappen aus den individuellen Schülerleistungen, die vorgestellt, mit Mitschülern und Lehrern besprochen und begutachtet werden können. Sie dienen somit zum einen der aktiven Auseinandersetzung des Schülers mit seinen eigenen Leistungen, wodurch sie die kritische Selbsteinschätzung lernen können. Zum anderen kann der Lehrer anhand der Portfolios den individuellen Lernprozess des Schülers beobachten und bewerten. Somit ermöglicht „die Arbeit mit Portfolios (...) einen grundlegend anderen Umgang mit den Leistungen der Kinder."[195] Denn solche Sammelmappen sind prozessorientiert und beziehen die Sicht des Schülers auf seine Leistungen mit ein.

Portfolios können durch Fragebögen zu einem Lerntagebuch erweitert werden. Hierbei wird der Schüler zu seinen Empfindungen und Einstellungen zum Lerngegenstand und -prozess befragt.[196] Dies kann dem Lehrer zusätzlich Auskunft über die Motivation und das Selbstkonzept des Schülers geben.

Portfolios und Lerntagebücher werden bevorzugt in der Grundschule eingesetzt. Sie bieten die Möglichkeit, in offenen Unterrichtsformen den individuellen Lernprozess der Schüler im Blick zu haben und ihre Leistungen zu dokumentieren. Die Nachteile dieser Methode liegen in den hohen finanziellen Kosten für das Material und dem zusätzlichen zeitlichen Aufwand für das kontinuierliche Besprechen der Ergebnisse. Außerdem erfordert die Arbeit mit solchen Methoden eine hohe Motivation und Qualifikation des Lehrers, da die Aufgabenstellungen und Bewertungskriterien differenziert erarbeitet werden müssen.[197]

## 4.3 Konsequenzen für die Grundschularbeit

„Diagnostik ist eine Aufgabe von vielen im pädagogischen Handlungsfeld – allerdings eine für die Steuerung des Lehr-Lern-Prozesses besonders bedeutsame."[198] Setzt die Lehrkraft diagnostische Verfahren konsequent ein,

---

[195] Hecker, 2004, S.91.
[196] vgl. Bartnitzky, Jens: Wie Kinder lernen können, ihre Anstrengungen und Erfolge zu würdigen – ein Lerntagebuch. In: Bartnitzky / Speck-Hamdan, 2004, S.103ff.
[197] vgl. Ingenkamp / Lissmann, 2005, S.94f.
[198] Horstkemper, 2006, S.4.

um die individuellen Lernprozesse der Schüler zu fördern und zu beurteilen, hat dies dementsprechend konkrete Auswirkungen auf die Grundschularbeit. Der Unterricht muss so gestaltet werden, dass diagnostisches Handeln in den schulischen Alltag integriert werden kann. Außerdem wird der Schüler mit seinen individuellen Lernbedingungen und Fähigkeiten mehr in den Mittelpunkt des Lehrerinteresses gerückt. Diagnostische Maßnahmen können sich somit auf das Verhältnis zwischen Lehrer und Schüler auswirken und das Selbstkonzept des Kindes bezüglich seiner schulischen Leistungen verändern. Schließlich zieht die Forderung nach mehr diagnostischer Kompetenz Konsequenzen für das Lehrerhandeln nach sich. Die genannten Zusammenhänge zwischen Diagnostik und der Gestaltung der Lehr-Lern-Prozesse sollen im Folgenden näher erläutert werden.

*4.3.1 Diagnostik und Unterrichtsgestaltung*

Diagnostik und Didaktik sind zwei eng miteinander verbundene Komponenten des Lehrerhandelns. Denn „erfolgreicher Unterricht erfordert eine Abstimmung auf die Lernvoraussetzungen der Schüler/innen."[199] Die Anpassung didaktischer Maßnahmen an die verschiedenen Bedingungen der Kinder bedarf wiederum einer gründlichen Diagnose. Flexible Unterrichtsgestaltung mit variierten Anforderungen und gezielter Förderung kann nur auf der Grundlage von Erkenntnissen über die Lernprozesse und -voraussetzungen der Schüler realisiert werden.

Auf der anderen Seite müssen während des Unterrichts auch Gelegenheiten für den Lehrenden geschaffen werden, diagnostische Informationen zu sammeln. Während für schriftliche Verfahren wie Klassenarbeiten in der Regel gesonderte Situationen festgelegt werden, müssen Beobachtungen und Befragungen in das Unterrichtsgeschehen integriert werden. Der lehrerzentrierte Frontalunterricht bietet höchstens im Gespräch mit der Lerngruppe die Gelegenheit, Schüler zu ihren Interessen und Motivationen zu befragen. Findet jedoch eine Öffnung des Unterrichts zugunsten von mehr Schüleraktivitäten statt, ergeben sich für die Lehrkraft viele Möglichkeiten für diagnostisches Handeln. Geplante Phasen der Partner- oder Gruppenarbeit erfordern weniger aktive Steuerung durch den Lehrer während des Un-

---

[199] Schrader / Helmke, 2001, S.52

terrichts und eröffnen somit Raum für systematische Beobachtungen.[200] Die Ergebnisse solcher Arbeitsphasen sagen zudem viel über die verschiedenen Fähigkeiten des Schülers aus und eignen sich für den Einsatz von Portfolios. Aufwändigere diagnostische Methoden lassen sich hingegen nur schwer im Unterricht umsetzen, denn ihre Vorbereitung und Durchführung würde zu viel Zeit in Anspruch nehmen. Unterricht ist vorrangig ein Raum für Lerngelegenheiten, die von pädagogischen Diagnosen begleitet werden. Im schulischen Alltag entsteht so häufig ein „diagnostisches Dilemma"[201]: Objektive, zuverlässige und gültige Diagnosen erfordern einen hohen Aufwand, der innerhalb der schulischen Gegebenheiten nicht immer aufgebracht werden kann. Die Forderung der Pädagogischen Diagnostik nach wissenschaftlichen Gütekriterien kann in der Praxis nur bedingt erfüllt werden, da die Integration diagnostischer Verfahren in den Unterricht gewährleistet sein muss.[202]

### 4.3.2 Diagnostik und Selbstkonzept des Schülers

Das Selbstkonzept beschreibt die Art und Weise, wie ein Mensch sich selbst sieht und definiert. Er nimmt seine individuellen Fähigkeiten in bestimmten Situationen wahr und verbindet diese Erfahrungen mit den Rückmeldungen, die er diesbezüglich bekommt.[203] Im schulischen Kontext haben vor allem Schulleistungen und ihre Bewertung durch Mitschüler und Lehrer einen Einfluss auf das Selbstkonzept des Schülers. „Richtet sich das Feed-back auf die Lernfortschritte des Schülers und seine persönlichen Anstrengungen, so werden sie seine Selbstwirksamkeit erhöhen."[204]

Durch diagnostische Verfahren kann der Lehrer einen differenzierten Blick auf die Fähigkeiten und Leistungen des Schülers werfen. Das Kind wird in seinem ökologischen und biografischen Kontext betrachtet, wobei seine Entwicklungsmöglichkeiten festgestellt werden sollen. Der Lehrer fungiert vorrangig als Lernbegleiter, um die Entwicklung des Kindes gezielt zu unterstützen. Verbale Leistungsbewertungen können dem Schüler signalisieren, dass individuelle Lernfortschritte wahrgenommen und gefördert wer-

---

[200] vgl. Kleber, 1992, S.138.
[201] Ingenkamp / Lissmann, 2005, S.195.
[202] vgl. Winter, Felix: Diagnosen im Dienste des Lernens. Diagnostizieren und Fördern gehören zum Unterrichten. In: Becker u.a., 2006, S.23.
[203] vgl. Boenicke u.a., 2004, S.119.
[204] vgl. Boenicke u.a., 2004, S.134.

den. Gerade in der Grundschule bieten sich hierfür durch den weitgehenden Verzicht auf die Beurteilung durch Notengebung vielfältige Möglichkeiten. Dabei sollten vor allem die Stärken des Kindes hervorgehoben werden, um zur Ausbildung eines positiven Selbstkonzepts beizutragen.

Somit ändert sich insbesondere durch eine prozessorientierte Diagnostik auch die Sicht des Lehrers auf Fehler. Sie werden nicht, wie das bei statusdiagnostischen Prüfungen der Fall ist, als Bewertungskriterium gefasst. Fehler geben vielmehr Auskunft über den Entwicklungsstand des Kindes, sie können dementsprechend interpretiert und für die individuelle Förderung nutzbar gemacht werden.[205] Bestimmte Rechtschreibfehler zeigen beispielsweise, welche Strategien der Schüler anwendet, was auf den Entwicklungsstand im Schriftspracherwerb hinweisen kann. Macht das Kind die Erfahrung, dass seine Fehler im Lernprozess nicht durch negative Beurteilungen sanktioniert werden, entwickelt es keine Angst davor, selbstständig und entdeckend zu lernen und dabei auch Rückschläge zu erfahren.

Wird der Schüler darüber hinaus in den diagnostischen Prozess eingebunden, fördert dies seine Fähigkeit zur kritischen Selbstbeobachtung und -bewertung. Portfolios und Lerntagebücher fordern ihn dazu auf, sich mit seinen Stärken und Schwächen auseinanderzusetzen und somit ein differenziertes Selbstkonzept zu entwickeln.

*4.3.3 Diagnostik und Lehrerhandeln*

Der Einsatz diagnostischer Verfahren zur Optimierung der Lehr-Lern-Prozesse hat verschiedene Auswirkungen auf das Handeln des Lehrers. Einerseits verändert sich die Planung und Gestaltung des Unterrichts, wie in Kapitel 4.3.1 bereits erläutert wurde. Zum anderen erfordert konsequentes diagnostisches Handeln ein Umdenken des Lehrers bezüglich seiner Einstellungen zum eigenen Handeln.

Zunächst muss die Lehrkraft die Bereitschaft aufbringen, „sich um Objektivität und Unvoreingenommenheit zu bemühen, Erwartungen und Interpretationen als vorläufige Hypothesen zu betrachten, zu hinterfragen und ggf. zu korrigieren und sich für die Lernerfolge der Schüler verantwortlich füh-

---

[205] vgl. Groeben, Annemarie von der: Verstehen lernen. Diagnostik als didaktische Herausforderung. In: Pädagogik, (2003) 4, S.9.

len."[206] Die kritische Reflexion alltäglichen Handelns ist dabei eine wichtige Voraussetzung. Der Lehrer muss sich darüber im Klaren sein, dass sein Urteil stets durch subjektive Einflüsse beeinträchtigt werden kann. Es kann jedoch nicht das Ziel sein, Subjektivität ganz und gar aus dem schulischen Alltag zu verbannen, denn sie ist ein wichtiger Bestandteil pädagogischen Handelns. Der persönliche Bezug zwischen Lehrer und Schüler ist Voraussetzung erfolgreicher Lehr-Lernprozesse, wobei die Subjektivität aller Beteiligter beachtet und respektiert werden sollten. Der Lehrer ist in erster Linie Lernbegleiter und nicht Diagnostiker, weshalb die für wissenschaftlich einwandfreie Diagnosen erforderliche Distanz zwischen dem Beurteilenden und der zu beurteilenden Person nicht hergestellt werden kann und sollte. Vielmehr wird von Kleber eine „kontrollierte Subjektivität" gefordert, also das Bewusstmachen subjektiver Einflüsse und ihre Kontrolle durch möglichst wissenschaftliche diagnostische Verfahren und deren kritische Reflexion.[207]

Dies erfordert eine hohe diagnostische Kompetenz des Lehrers, die sowohl methodisches als auch Metawissen in Bezug auf entwicklungspsychologische und pädagogisch-therapeutische Erkenntnisse umfasst. Auch wenn eine Entwicklung dieser Fähigkeiten durch die Standards der Lehrerbildung der KMK gefordert wird (vgl. Kapitel 2.4.3), ist sie bis heute kein verpflichtender Teil der universitären Ausbildung von zukünftigen Lehrern. Es werden innerhalb der psychologischen, erziehungswissenschaftlichen und didaktischen Studienangebote nur Teilbereiche des notwendigen Metawissens vermittelt. Der Lehrer kann diagnostische Kompetenz also nur durch Eigeninitiative während des schulischen Alltags oder mithilfe von Fortbildungsmaßnahmen erwerben. Dies könnte das schlechte Abschneiden der Lehrer in der Teiluntersuchung der PISA-Studie zu ihren diagnostischen Fähigkeiten erklären. Als Konsequenz daraus wird zum einen die Vermittlung grundlegender Kenntnisse im Bereich der Pädagogischen Diagnostik in der Lehrerausbildung gefordert. Zum anderen müsse sich das Selbstverständnis der Lehrer dahingehend verändern, dass die kritische Reflexion und

---

[206] Schrader / Helmke, 2001, S.48.
[207] vgl. Kleber, 1992, S.39.

die ständige Weiterbildung selbstverständlicher Teil des pädagogischen Handelns in der Schule wird.[208]

Neben dem zusätzlichen zeitlichen Aufwand für Weiterbildungen bringt der Einsatz diagnostischer Verfahren für den Lehrer häufig Mehrarbeit mit sich. Diagnosen müssen geplant, ausgewertet und reflektiert werden. Die Integration dieser Tätigkeiten in den Schulalltag kann nur gewährleistet werden, wenn dafür auch ein entsprechender zeitlicher Rahmen und die notwendigen Mittel zur Verfügung gestellt werden. Pädagogische Diagnosen sollen den Lehrer in seiner alltäglichen Arbeit unterstützen und nicht als zusätzliche Belastung empfunden werden, weshalb sich die „institutionelle(n) Voraussetzungen für die Erfüllung diagnostischer Aufgaben"[209] verändern müssen.

## 4.4 Zusammenfassung

Diagnostische Verfahren können in der Grundschule dazu eingesetzt werden, die Leistungen der Schüler differenziert wahrzunehmen und zu bewerten. Dazu können neben traditionellen Methoden wie Klassenarbeiten auch standardisierte und informelle Tests eingesetzt werden. Sie haben den Vorteil, dass sie sich in ihrer Konzeption an den Gütekriterien der Pädagogischen Diagnostik orientieren und somit eine objektive und zuverlässige Bewertung ermöglichen. Darüber hinaus werden Tests in Form von Vergleichsarbeiten dazu verwendet, den Erfolg und die Qualität des Unterrichts anhand der Schülerleistungen zu messen. Der Nachteil dieser Methode besteht jedoch darin, dass sie den Blick vorrangig auf den Ist-Zustand lenkt und dabei weniger die individuelle Entwicklung des Schülers messen kann. Außerdem lassen sich divergente Leistungen wie zum Beispiel soziale Kompetenzen nur schwer testen.

Eine Ergänzung schriftlicher diagnostischer Verfahren durch Beobachtungen und Befragungen ist deshalb sinnvoll. Diese ermöglichen eine prozessorientierte Diagnose von Schülerleistungen, wobei auch die individuellen Lernbedingungen des Schülers in den Blick genommen werden. Langfris-

---

[208] vgl. Inckemann, Elke: „Dass man von einer Fortbildung heimgeht und morgen passiert es, geht halt nicht" – förderdiagnostische Kompetenz von Grundschullehrerinnen. In: Bartnitzky / Speck-Hamdan, 2004, S.233.
[209] Horstkemper, 2004, S.212.

tige Lernprozesse, die einer Vielzahl von Störungen ausgesetzt sind, können so vom Lehrer differenziert beobachtet und gefördert werden. Allen voran sei hierbei die wohl wichtigste Aufgabe der Grundschularbeit, der Erwerb der Schriftsprache und mathematischer Kompetenzen genannt. Diese Entwicklungen müssen von der Lehrkraft aufmerksam verfolgt und unterstützt werden. Nur so können Störungen früh erkannt und mit entsprechenden Fördermaßnahmen beantwortet werden. Beobachtungen des Lernverhaltens, Befragungen zu den Motivationen des Schülers und regelmäßig durchgeführte Tests, die den Blick gezielt auf einzelne Teilfähigkeiten oder Strategien lenken, sollten hierbei kombiniert werden. Außerdem ist es in einigen Fällen sinnvoll, auch die Eltern in den diagnostischen Prozess einzubeziehen, um weitere Informationen bezüglich der Lernbedingungen des Kindes zu erhalten.

Das Einbeziehen der Schüler in den diagnostischen Prozess wird in den letzten Jahren vermehrt gefordert. Durch das Anlegen von Portfolios und Lerntagebüchern kann die Fähigkeit des Kindes zur kritischen Selbstbeurteilung gefördert werden. Außerdem erlaubt diese Methode dem Lehrer einen Einblick in die Einstellungen und Motivationen des Schülers. Auch wenn die Arbeit mit Portfolios teilweise mit einem größeren Aufwand für die Lehrkraft verbunden ist, kann sie eine sinnvolle Ergänzung zu den genannten diagnostischen Methoden sein.

Am Ende der Grundschulzeit wird durch die vom Lehrer erwartete Beratung und Empfehlung zur anstehenden Schullaufbahnentscheidung für eine Oberschule eine zuverlässige und objektive Diagnose erwartet. Auch dabei sollten verschiedene Methoden eingesetzt werden, um ein möglichst differenziertes Urteil zu erlangen. Denn hier werden die Weichen für die weitere Schullaufbahn und die berufliche Zukunft des Schülers gestellt.

Der gezielte Einsatz diagnostischer Verfahren zur Optimierung der Lernprozesse hat konkrete Auswirkungen auf den Schulalltag. Denn pädagogische Diagnosen haben keinen Selbstzweck, sie sind zugleich Bedingung und Konsequenz eines schülerzentrierten Unterrichts im Sinne eines pädagogischen Verständnisses von Lernen und Leisten. Sie beziehen den Schüler verstärkt in die Urteilsbildung des Lehrers ein und ermöglichen ihm durch differenzierte verbale Leistungsbewertung die Entwicklung eines kritischen

Selbstkonzepts. Durch eine neue Sicht auf Fehler als Zeichen des Lernstandes und Ansatzpunkt für gezielte Förderung bieten sich dem Schüler außerdem vielfältige Möglichkeiten zum entdeckenden Lernen. Für die Lehrkraft zieht der Einsatz diagnostischer Methoden einen zeitlichen Mehraufwand zur Ausarbeitung und Auswertung geeigneter Verfahren nach sich. Das erfordert vom Lehrer die Bereitschaft, sein Handeln kritisch zu reflektieren und sich der Subjektivität des eigenen Urteils bewusst zu sein. Eine grundlegende Ausbildung im Gebiet der Pädagogischen Diagnostik und eine regelmäßige Weiterbildung in diesem Bereich können ihn dabei unterstützen.

# 5. Resümee

In der Grundschule kommen Kinder aus sehr unterschiedlichen kulturellen und sozialen Hintergründen zusammen. Sie alle haben das Recht auf Entfaltung ihrer Persönlichkeit und auf Gleichberechtigung. Die Aufgabe des Lehrers ist es, jeden Schüler in seiner Individualität wahrzunehmen und zu fördern, Gelegenheiten zum Lernen zu schaffen und jedes Kind in seiner Entwicklung zu unterstützen. Dies geschieht in einem institutionellen Rahmen und ist aus diesem Grund durch eine Reihe von rechtlichen Vorgaben und Richtlinien beeinflusst. Nationale Bildungsstandards und Rahmenlehrpläne geben vor, welches Wissen und welche Kompetenzen die Kinder während ihrer Schulzeit erwerben sollen, um in Zukunft erfolgreich am gesellschaftlichen Leben teilnehmen zu können. In diesem Zusammenhang werden von den Schülern Leistungen erwartet, die vom Lehrer dokumentiert und bewertet werden sollen. Der pädagogische Leistungsbegriff versucht eine Brücke zu schlagen zwischen den individuellen Ansprüchen des Kindes auf Entfaltung und Förderung und den gesellschaftlichen Forderungen nach Qualifikation und Selektion. Leistungen sollen zugleich Ausdruck der Fähigkeiten und Entwicklung des Kindes sein sowie als Grundlage für Schullaufbahnentscheidungen dienen.

Der Lehrer nimmt als Lernbegleiter der Schüler die Rolle des Vermittlers ein. Professionelles Lehrerhandeln besteht sowohl aus dem Schaffen von Lerngelegenheiten und der Unterstützung der Entwicklung eines jeden Kindes als auch aus der Dokumentation und Bewertung seines individuellen Lernprozesses. Der Lehrer unterrichtet, erzieht und bewertet, wobei er sein erworbenes didaktisches und pädagogisches Wissen gezielt einsetzt und sein Handeln kritisch reflektiert. Neben einer Reihe von anderen Kompetenzen erfordern diese Ansprüche an professionelles Lehrerhandeln die Fähigkeit, die Lernprozesse und den Leistungsstand des Einzelnen zu erfassen und zu bewerten. In Zusammenhang mit einem Teilergebnis der PISA-Studie aus dem Jahr 2000 wurde hierfür der Begriff der diagnostischen Kompetenz geprägt. In Anlehnung an die Theorie der Pädagogischen Diagnostik, die bereits seit den 1970er Jahren insbesondere durch Karlheinz Ingenkamp ausgearbeitet wurde, ist das Ziel diagnostischen Handelns die Optimierung der individuellen Lernprozesse. Außerdem ermöglicht die pädagogische Diagnose eine objektive und gerechte Bewertung von Schülerleistungen als Grundlage für Selektionsentscheidungen. Es wurde eine Reihe von diagnostischen Methoden entwickelt, mit deren Hilfe Daten über den Lernprozess, den Leistungsstand und die individuellen Lernvoraussetzungen des Kindes gesammelt werden können. Diese müssen aus theoretischer Sicht vor allem den Gütekriterien wissenschaftlichen Arbeitens gerecht werden. Denn nur objektive, zuverlässige und valide Daten können die Grundlage für eine gerechte Leistungsbewertung und gezielte Förderung eines Kindes sein.

In der schulischen Praxis kann diesem Anspruch jedoch nicht immer genüge getan werden. Denn diagnostisches Handeln ist nur eine von vielen Tätigkeiten, denen der Lehrer im Schulalltag nachgehen muss. Dabei ist er in der Grundschule in erster Linie Pädagoge, weshalb der persönliche Bezug zu den Schülern sein wichtigstes Handwerk ist. Die für den Diagnostiker sehr bedeutsame Distanz zur zu beurteilenden Person kann und sollte zwischen Lehrer und Schüler nicht hergestellt werden. Die im Unterricht ablaufenden Lehr-Lern-Prozesse werden durch die Subjektivität beider Parteien geprägt und sollten durch diagnostisches Handeln des Lehrers nicht gestört sondern unterstützt werden.

Nichtsdestotrotz ist der Versuch, diagnostische Methoden im Schulalltag zu verbessern, ein wichtiger Schritt hin zur Qualitätssicherung der Schularbeit. Anhand verschiedener Untersuchungen konnte nachgewiesen werden, dass traditionelle Verfahren zur Ermittlung von Schülerleistungen durch unerwünschte Faktoren wie Voreingenommenheit des Lehrers beeinflusst werden. Diese Leistungsbewertungen werden jedoch als Grundlage für Selektionsentscheidungen herangezogen, wie das bei den Oberschulempfehlungen am Ende der Grundschulzeit der Fall ist. Das führt häufig dazu, dass Schüler nicht entsprechend ihrer eigentlichen Leistungen und Fähigkeiten empfohlen werden. Da solche Entscheidungen jedoch weitreichende Konsequenzen für die Schullaufbahn und die berufliche Zukunft eines Schülers haben, erfordert professionelles Lehrerhandeln das Einbeziehen alternativer Methoden. Systematische Beobachtungen, Befragungen und standardisierte Tests ermöglichen es dem Lehrer, differenzierte und zuverlässige Diagnosen über den Schüler zu erstellen. So können Leistungen gerecht bewertet werden, da die Entwicklung des Schülers über einen längeren Zeitraum beobachtet und die individuellen Lernvoraussetzungen in das Urteil einbezogen werden können. Außerdem ist der Lehrer in der Lage, mithilfe diagnostischer Verfahren einen Bedarf an Förderung bei Entwicklungsstörungen oder besonderen Begabungen zu erkennen und mit entsprechenden Maßnahmen zu beantworten. Damit einher geht eine neue Sicht auf Fehler des Schülers: Sie sind für den Lehrer ein Hinweis auf den Entwicklungsstand des Kindes und werden außerhalb von Prüfungssituationen nicht sanktioniert. Dies ermöglicht die Schaffung von Lerngelegenheiten, in denen Schüler entdeckend lernen können, ohne Angst vor Fehlern zu haben.

Auch der Forderung nach einer differenzierten Didaktik, die sich um die Anpassung des Unterrichts an die Voraussetzungen der Schüler bemüht, kann durch den Einsatz diagnostischer Methoden nachgegangen werden. Durch gezielte Beobachtungen, Befragungen und Tests kann der Lehrer einen Einblick in die Lernbedingungen des Einzelnen bekommen und den Unterricht und seine Anforderungen auf ihn abstimmen. Das zieht eine Öffnung des Unterrichts nach sich, die wiederum mehr Möglichkeiten für diagnostisches Handeln des Lehrers bietet. In einem schülerzentrierten Unterricht kann die Lehrkraft als Lernbegleiter tätig werden und hat dabei Zeit für Beobachtungen und Befragungen.

Ein zeitlicher Mehraufwand für ein solches Vorgehen ist jedoch nicht zu umgehen. Diagnostische Verfahren müssen ausgewählt bzw. ausgearbeitet, durchgeführt und ausgewertet werden. Bei einer Klassenstärke von mehr als

20 Schülern ist das innerhalb des vorgegebenen zeitlichen Rahmens nicht für jedes Kind gleichermaßen zu realisieren. Dem Prinzip der Gleichberechtigung könnte nur dann konsequent nachgegangen werden, wenn die institutionellen Voraussetzungen verändert werden würden. Der Lehrkraft müsste mehr Unterstützung und Zeit zur Verfügung gestellt werden, um die notwendigen diagnostischen Tätigkeiten durchführen zu können. Ein erster Schritt wären zweifellos entsprechende Fortbildungsangebote, um die diagnostische Kompetenz des Lehrers zu stärken. Theoretisches Wissen im Bereich der Entwicklungspsychologie und Kenntnisse über geeignete Fördermaßnahmen müssten gefestigt und ausgebaut werden. Der Umgang mit einem ausgewählten diagnostischen Methodeninventar müsste erlernt werden, um den Einsatz dieser Verfahren im Schulalltag zu erleichtern. Die Unterstützung durch Experten bei Schwierigkeiten oder beim Verdacht auf schwerwiegende Entwicklungsstörungen eines Schülers müsste für jeden Lehrer zur Verfügung stehen. Nur so kann diagnostisches Handeln effektiv und gewinnbringend in den Unterricht eingebracht werden.

Die Bedeutung der diagnostischen Kompetenz von Lehrkräften für erfolgreichen Unterricht und pädagogisches Handeln wurde lange Zeit unterschätzt. Dafür sprechen das schlechte Abschneiden der Lehrer bei der Teiluntersuchung von PISA 2000 und die mangelnde Beachtung dieses Gebiets in der Lehrerbildung. An der Vielzahl der Veröffentlichungen zum Thema Pädagogische Diagnostik für den Schulalltag der letzten zehn Jahre und der eindeutigen Forderung nach diagnostischer Kompetenz von Lehrkräften durch die KMK wird jedoch eine Wende deutlich. Es wurde offensichtlich erkannt, wie wichtig diagnostisches Handeln für einen differenzierten Unterricht und eine gerechte Leistungsbewertung ist. Besonders in der Grundschule, in der alle Schüler zusammen unterrichtet werden und gemeinsam lernen und jedes Kind das Recht auf Unterstützung und Förderung hat, sind pädagogische Diagnosen unerlässlich. Der Einsatz diagnostischer Methoden sollte nicht als Herabsetzung des Lehrerurteils oder als unnützer Mehraufwand betrachtet werden. Diagnostisches Handeln ist vielmehr ein wichtiges Mittel zur Verbesserung der Unterrichtsqualität und der professionellen Arbeit des Lehrers.

# 6. Literaturverzeichnis

Arnold, Karl-Heinz: Diagnostische Kompetenz erwerben. Wie das Beurteilen zu lernen und zu lehren ist. In: Beutel / Vollstädt, 2000, S.129-140.

Bartnitzky, Horst: Die pädagogische Leistungskultur – eine Positionsbestimmung. In: Bartnitzky / Speck-Hamdan, 2004, S.27-39.

Bartnitzky, Horst (Hrsg.): Beiträge zum pädagogischen Leistungsbegriff. (Beiträge zur Reform der Grundschule – Band 119), Frankfurt am Main: Grundschulverband – Arbeitskreis Grundschule e.V., 2005.

Bartnitzky, Horst / Christiani, Reinhold: Zeugnisschreiben in der Grundschule: Beurteilen ohne und mit Zensuren, Leistungserziehung, Schülerbeobachtung, differenzierte Klassenarbeiten, freie Arbeit, Übergangsgutachten, Elternberatung. Erw. Neuausgabe. Heinsberg: Agentur Dieck, 1994.

Bartnitzky, Horst / Speck-Hamdan, Angelika (Hrsg.): Pädagogische Leistungskultur: Leistungen der Kinder wahrnehmen – würdigen – fördern. (Beiträge zur Reform der Grundschule – Band 118), Frankfurt am Main: Grundschulverband – Arbeitskreis Grundschule e.V., 2004.

Bartnitzky, Jens: Wie Kinder lernen konnen, ihre Anstrengungen und Erfolge zu würdigen – ein Lerntagebuch. In: Bartnitzky / Speck-Hamdan, 2004, S 100-109

Bauer, Karl-Oswald: Vom Allroundtalent zum Professional. Was bedeutet Lehrerprofessionalität heute? In: Pädagogik, (2002) 11, S. 18-22.

Baumert, Jürgen (Hrsg.): Deutsches PISA-Konsortium: PISA 2000: Basiskompetenzen von Schülerinnen und Schülern im internationalen Vergleich. Opladen: Leske + Budrich, 2001.

Becker, Gerold u.a. (Hrsg.): Diagnostizieren und Fördern. Stärken entdecken – Können entwickeln. Friedrich Jahresheft XXIV/2006. Seelze: Erhard Friedrich GmbH, 2006.

Benischek, Isabella: Die Leistung von SchülerInnen - ein mehrdimensionaler Begriff. In: Erziehung und Unterricht, 156 (2006) 1-2, S.171-180.

Beutel, Silvia-Iris / Vollstädt, Witlof (Hrsg.): Leistung ermitteln und bewerten. Hamburg: Bermann + Helbig Verlag, 2000.

Bildungskommission der Länder Berlin und Brandenburg: Bildung und Schule in Berlin und Brandenburg – Herausforderungen und gemeinsame Entwicklungsperspektiven.
URL: http://www.mpib-berlin.mpg.de/de/forschung/eub/Bericht.pdf.
[27.07.2007]

Boenicke, Rose / Gerstner, Hans-Peter / Tschira, Antje: Lernen und Leistung. Vom Sinn und Unsinn heutiger Schulsysteme. Darmstadt: Wissenschaftliche Buchgesellschaft, 2004.

Böttcher, Wolfgang u.a. (Hrsg.): Leistungsbewertung in der Grundschule. Weinheim und Basel: Beltz Verlag, 1999.

Bromme, Rainer: Kompetenzen, Funktionen und unterrichtliches Handeln des Lehrers. In: Weinert, 1997, S.177-212.

Buschmann, Renate: „Ich melde mich". Schülerinnen und Schüler beobachten und bewerten sich selbst. In: Becker u.a., 2006, S.125-127.

Dollase, Rainer: Veränderte Kindheit. In: Rost, Detlef H.: Handwörterbuch Pädagogische Psychologie. Weinheim: Psychologie Verlags Union, 1998. S.526-531.

Drews, Ursula / Schneider, Gerhard / Wallrabenstein, Wulf: Einführung in die Grundschulpädagogik. Weinheim und Basel: Beltz Verlag, 2000.

Einsiedler, Wolfgang: Unterrichtsqualität und Leistungsentwicklung. Literaturüberblick. In: Weinert / Helmke, 1997, S.225-240.

Fölling-Albers, Maria: Veränderte Kindheit – Revisited. Konzepte und Ergebnisse sozialwissenschaftlicher Kindheitsforschung der vergangenen 20 Jahre. In: Fölling-Albers, Maria u.a. (Hrsg.): Jahrbuch Grundschule III: Fragen der Praxis – Befunde der Forschung. (Beiträge zur Reform der Grundschule, Sonderband S 62), Frankfurt am Main: Der Grundschulverband/Arbeitskreis Grundschule e.V., 2001. S.10-51.

Fölling-Albers, Maria: Chancengleichheit in der Schule – (k)ein Thema? Überlegungen zu pädagogischen und schulstrukturellen Hintergründen. In: ZSE, 25 (2005) 2, S.198-213.

Groeben, Annemarie: Verstehen lernen. Diagnostik als didaktische Herausforderung. In: Pädagogik, (2003) 4, S 6-9.

Hecker, Ulrich: Vom Wert der Mühe – gesammelte Lernspuren im Portfolio. In: Bartnitzky / Speck-Hamdan, 2004, S.88-99.

Heller, Kurt A. (Hrsg.): Leistungsdiagnostik in der Schule. 4., völlig neubearbeitete Auflage. Bern: Verlag Hans Huber, 1984.

Heller, Kurt A.: Individuelle Bedingungsfaktoren der Schulleistung: Literaturüberblick. In: Weinert / Helmke, 1997. S.183-201.

Helmke, A. / Weinert, F.E.: Bedingungsfaktoren schulischer Leistungen. In: Weinert, 1997, S.71-152.

Horstkemper, Marianne: Diagnosekompetenz als Teil pädagogischer Professionalität. In: Neue Sammlung, 44 (2004) 2, S. 201-214.

Horstkemper, Marianne: Fördern heißt diagnostizieren. Pädagogische Diagnostik als wichtige Voraussetzung für individuellen Lernerfolg. In: Becker u.a., 2006, S.4-7.

Hurrelmann, Klaus / Bründel, Heidrun: Einführung in die Kindheitsforschung. 2., vollständig überarbeitete Auflage. Weinheim: Beltz Verlag, 2003.

Inckemann, Elke: „Dass man von einer Fortbildung heimgeht und morgen passiert es, geht halt nicht" – förderdiagnostische Kompetenz von Grundschullehrerinnen. In: Bartnitzky / Speck-Hamdan, 2004, S.218-237.

Ingenkamp, Karlheinz: Pädagogische Diagnostik. In: Jäger, Reinhold S. (Hrsg.): Psychologische Diagnostik: ein Lehrbuch. 4. Auflage. Weinheim und Basel: Beltz, Psychologie-Verlags-Union, 1999. S.495-509.

Ingenkamp, Karlheinz / Lissmann, Urban: Lehrbuch der Pädagogischen Diagnostik. 5., völlig überarbeitete Auflage. Weinheim und Basel: Beltz Verlag, 2005.

Jäger, Reinhold S.: Gütekriterien in der Pädagogischen Diagnostik. Ein Plädoyer für deren Weiterentwicklung und Vorschläge für deren Ausgestaltung. In: Jäger, Reinhold S. / Lehmann, Rainer H. (Hrsg.): Tests und Trends 11. Jahrbuch der Pädagogischen Diagnostik. Weinheim und Basel: Beltz Verlag, 1997. S.146-165.

Jäger, Reinhold S. (u.a.): Pädagogische Diagnostik. In: Roth, Leo (Hrsg.): Pädagogik. Handbuch für Studium und Praxis. München: Oldenbourg, 2001. S.848-872.

Jürgens, Eiko: Brauchen wir ein pädagogisches Leistungsverständnis? In: Beutel / Vollstädt, 2000, S.15-25.

Jürgens, Eiko: Leistung und Beurteilung in der Schule. Eine Einführung in Leistungs- und Bewertungsfragen aus pädagogischer Sicht. 6., aktualisierte und stark erweiterte Auflage. Sankt Augustin: Academia Verlag, 2005.

Jürgens, Eiko / Sacher, Werner: Leistungserziehung und Leistungsbeurteilung. Schulpädagogische Grundlegung und Anregungen für die Praxis. Neuwied: Luchterhand, 2000.

Klauer, Karl Josef (Hrsg.): Handbuch der Pädagogischen Diagnostik. Düsseldorf: Pädagogischer Verlag Schwann, 1978. Band 1.

Kleber, Eduard W.: Diagnostik in pädagogischen Handlungsfeldern: Einführung in Bewertung, Beurteilung, Diagnose und Evaluation. Weinheim und Basel: Juventa-Verlag, 1992.

Kretschmann, Rudolf / Dobrindt, Yvonne / Behring, Karin: Prozessdiagnose der Schriftsprachkompetenz in den Schuljahren 1 und 2. 3.Auflage. Honeburg: Persen, 2003.

Kretschmann, Rudolf: „Pädagnostik" – zur Förderung der Diagnosekompetenz von Lehrerinnen und Lehrern. In: Bartnitzky / Speck-Hamdan, 2004, S.180-217.

Kucharz, Diemut: Wozu ist die Grundschule da? Grundschule zwischen Integration und Selektion. In: Lehren und Lernen, 32 (2006) 2, S.12 17.

Langfeldt, Hans-Peter / Trolldenier, Hans-Peter (Hrsg.): Pädagogisch-psychologische Diagnostik. Aktuelle Entwicklungen und Ergebnisse. Heidelberg: Roland Asanger Verlag, 1993.

Lipowsky, Frank: Auf den Lehrer kommt es an. Empirische Evidenzen für Zusammenhänge zwischen Lehrerkompetenzen, Lehrerhandeln und dem Lernen der Schüler. In: Allemann-Ghionda, Cristina (Hrsg.): Kompetenzen und Kompetenzentwicklung von Lehrerinnen und Lehrern: Ausbildung und Beruf. Weinheim und Basel: Beltz Verlag, 2006. S.47-70.

Meyer, Hilbert: Was ist guter Unterricht? Berlin: Cornelsen Verlag Scriptor, 2004.

Nickel, Horst: Schulreife und Schuleingangsdiagnostik. In: Heller, 1984, S.275-282.

Nuding, Anton: Beurteilen durch Beobachten. Pädagogische Diagnostik im Schulalltag. Baltmannsweiler: Schneider-Verlag, 1997.

Paradies, Liane / Wester, Franz / Greving, Johannes: Leistungsmessung und -bewertung. Berlin: Cornelsen Verlag Scriptor, 2005.

Paradies, Liane / Linser, Hans Jürgen / Greving, Johannes: Diagnostizieren, Fordern und Fördern. Berlin: Cornelsen Verlag Scriptor, 2007.

Peek, Rainer: Die Bedeutung vergleichender Schulleistungsmessungen für die Qualitätskontrolle und Qualitätsentwicklung von Schulen und Schulsystemen. In: Weinert, 2002, S.323-335.

Pettilon, Hans: Zielkonflikte in der Grundschule: Literaturüberblick. In: Weinert / Helmke, 1997, S.289-298.

Probst, Holger: Vorhersagen und Vorsorgen. Tests, die weiterführen. In: Becker u.a., 2006, S.94-97.

Ratzki, Anne: Mehr Leistung durch Standards - aber wer ist verantwortlich? In: Erziehung und Unterricht, 154 (2004) 7-8, S. 678-683.

Rolff, Hans-Günter / Zimmermann, Peter: Kindheit im Wandel. Überarbeitete Neuausgabe. Weinheim: Beltz Verlag, 1990.

Rösner, Ernst: Ungleiche Bildungschancen im Spiegel von Schulleistungen. In: Fischer, Dietlind / Eisenbast, Volker (Hrsg.): Zur Gerechtigkeit im Bildungssystem. Münster: Waxmann Verlag, 2007. S.15-24.

Saldern, Matthias von: Schulleistung in der Diskussion. Hohengehren: Schneider Verlag, 1999.

Schlegel, Jürgen: Die Zukunft von Bildung und Arbeit – zu den Aufgaben des Bildungswesens in einer alternden und schrumpfenden Gesellschaft. In: Döbert, Hans (Hrsg.): Bildung vor neuen Herausforderungen: historische Bezüge, rechtliche Aspekte, Steuerungsfragen, internationale Perspektiven. Neuwied: Luchterhand, 2003. S.91-101.

Schlömerkemper, Jörg: Leistungsmessung und die Professionalität des Lehrerberufs. In: Weinert, 2002, S. S.311-321.

Schrader, Friedrich-Wilhelm / Helmke, Andreas: Alltägliche Leistungsbeurteilung durch den Lehrer. In: Weinert, 2002, S.45-58.

Schwarzer, Christine: Beratung in der Schule. In: Weinert, 1997, S.771-800.

Schwartz, Erwin: Leistung, Leistungsmessung und Grundschulreform. In: Bartnitzky, 2005, S.22-33.

Sekretariat der Ständigen Konferenz der Kultusminister der Länder in der Bundesrepublik Deutschland (Hrsg.): Standards für die Lehrerbildung: Bildungswissenschaften. Beschluss der Kultusministerkonferenz vom 16.12.2004.
URL: http://www.kmk.org/doc/beschl/standards_lehrerbildung.pdf
[28.07.2007]

Sekretariat der Ständigen Konferenz der Kultusminister der Länder in der Bundesrepublik Deutschland KMK (Hrsg.): Bildungsstandards der Kultusministerkonferenz. Erläuterung zur Konzeption und Entwicklung. Neuwied: Luchterhand Verlag, 2005

Senatsverwaltung für Bildung, Wissenschaft und Forschung Berlin: Schulgesetz für das Land Berlin vom 26. Januar 2004, in der ab 1. Januar 2007 geltenden Fassung (zuletzt geändert durch Art. V des Gesetzes vom 11. Juli 2006).

Senatsverwaltung für Bildung, Jugend und Sport Berlin (Hrsg.): Rahmenlehrplan Grundschule Deutsch. Berlin: Wissenschaft und Technik Verlag, 2004.

Thurn, Susanne: Leistung - was ist das eigentlich? Oder: "Die Würde des heranwachsenden Menschen macht aus, sein eigener 'Standard' sein zu dürfen". In: Neue Sammlung, 44 (2004) 4, S. 419-435.

Weinert, Franz Emanuel (Hrsg.): Psychologie des Unterrichts und der Schule. Göttingen: Hogrefe Verlag, 1997.

Weinert, Franz Emanuel: Schulleistungen – Leistungen der Schule oder der Schüler? In: Weinert, 2002, S. S.73-86.

Weinert, Franz Emanuel: Vergleichende Leistungsmessung in Schulen – eine umstrittene Selbstverständlichkeit. In: Weinert, 2002, S.17-31.

Weinert, Franz Emanuel (Hrsg.): Leistungsmessungen in Schulen. 2., unveränderte Auflage, Weinheim und Basel: Beltz Verlag, 2002.

Weinert, Franz Emanuel / Helmke, Andreas (Hrsg.): Entwicklungen im Grundschulalter. Weinheim: Psychologie Verlags Union, 1997.

Wendeler, Jürgen: Förderungsdiagnostik im Primarbereich. In: Heller, 1984, S.283-291.

Werning, Rolf: Lern- und Entwicklungsprozesse fördern. Pädagogische Beobachtung im Alltag. In: Becker u.a., 2006, S.11-15.

Winter, Felix: Eine neue Lernkultur braucht neue Formen der Leistungsbewertung. In: Böttcher u.a., 1999, S.68-79.

Winter, Felix: Neue Lernkultur – aber Leistungsbewertung von gestern? In: Bartnitzky / Speck-Hamdan, 2004, S.41-53.

Winter, Felix: Diagnosen im Dienste des Lernens. Diagnostizieren und Fördern gehören zum Unterrichten. In: Becker u.a., 2006, S.22-25.